チーム力を高める

多機関協働ケースカンファレンス

安心づくり安全探しアプローチ
（AAA）研究会【著】

瀬谷出版

はじめに

　本書は、虐待事例を初めとする「複合問題事例」に対し、関係機関がチームで対応していくための、新しいケースカンファレンスの方法を提示したものです。

　「複合問題事例」とは、ひとり、あるいは複数の世帯員が多様な問題・ニーズを複合的に抱えている事例のことを指します。その問題・ニーズは、しばしば複雑に絡み合っています。また、その当事者は、社会的に孤立していて、外部からの支援に消極的あるいは拒否的であることも少なくありません。こうしたことから、「複合問題事例」は、その支援にあたる人々から「支援困難事例」と呼ばれることがあります。
　しかしそれは、「複合問題事例」の当事者が、問題のある人、むずかしい人という意味ではありません。それは、支援にあたる人々が、その複雑で深刻な問題に圧倒される、当事者との関係性が作れない、支援の糸口が見つけにくい、といった強い緊張感や不安感を伴う「支援困難感」を抱えてしまいがちな事例ということです。
　「複合問題事例」の抱える問題・ニーズは、分野横断的であることが少なくありません。そのため、分野の異なる機関に所属する多様な専門職や実務者が協働して支援にあたることが求められます。いわゆるチームアプローチです。それぞれ異なる目的や機能、立場等をもつ多様な機関の、多様な専門性をもつ多職種がひとつのチームとなって、緊張感や不安感をもたらしがちな「複合問題事例」にアプローチしていくことは、必ずしも容易なことではありません。
　私たちは、この多機関・多職種によるチームアプローチのひとつの手段であるケースカンファレンスが、安心して話し合える場、相互理解や相互信頼を育む場、となることができるよう、安心づくり安全探しアプローチ（AAA）を基盤とした、AAA多機関ケースカンファレンス・シートという道具を開発しました。そして、専門職を対象として調査を実施した結果、このシートを活用したAAA多機関ケースカンファレンスは、多機関・多職種のチーム力向上に貢献するという

示唆を得ました。

　そこで、私たちは、ＡＡＡ多機関ケースカンファレンスをより多くの方々に知っていただき、活用していただけるよう、本書を刊行することにしました。

　本書はⅠ～Ⅳの4部構成となっています。

　Ⅰでは、ケースカンファレンスやファシリテーションの理論を解説することを通して、ＡＡＡ多機関ケースカンファレンスやそのファシリテーションの特徴を浮き彫りにしています。

　Ⅱでは、ＡＡＡ多機関ケースカンファレンスの原則、つまり、基本的な考え方とシートの構成を説明したあと、このカンファレンスのファシリテーション・ガイドを載せています。

　Ⅲでは、ＡＡＡ多機関ケースカンファレンスの実践事例を13例紹介しています。

　Ⅳでは、ＡＡＡ多機関ケースカンファレンス・シートを開発した理由を述べた上で、調査結果から明らかになったこの効果と成果を記述しています。本書は、どこからお読みいただいてもかまいません。

　「複合問題事例」の支援にあたり、関係機関でよりよいプランを検討していく際、また、支援の担当者がどうしてよいか悩み、困っている場合、さらに、関係機関間・職種間で円滑な協働体制がとれていない場合など、多くの場面でＡＡＡ多機関ケースカンファレンスを実施してみていただければ幸いです。

　これまで行ってきたＡＡＡ多機関ケースカンファレンスの研修体験を踏まえ、私たちは、「ＡＡＡ多機関ケースカンファレンスに関するＱ＆Ａ」や、「ファシリテーター文言カード」も作成しています。これらは、シートとともに、瀬谷出版のホームページ（http://www.seya-shuppan.jp）および、安心づくり安全探しアプローチ研究会のホームページ（http://www.elderabuse-aaa.com/index.html）からダウンロードできますので、ご利用ください。

　また、本ケースカンファレンスを実施するにあたってのアドバイス等を必要とされる方はＨＰを通してご連絡ください。

安心づくり安全探しアプローチ研究会
代表　副田あけみ

contents

はじめに

I　ケースカンファレンス

① ケースカンファレンスとは ……………………………………………………… 7
1. ケースカンファレンスの目的 ………………………………………………… 7
2. ケースカンファレンスの方法 ………………………………………………… 10

② ファシリテーターの役割 ……………………………………………………… 15
1. ファシリテーションとは ……………………………………………………… 15
2. ファシリテーターとリーダー ………………………………………………… 16

II　AAA多機関ケースカンファレンス

① AAA多機関ケースカンファレンスの原則 …………………………………… 21
1. 多機関・多職種によるケースカンファレンス ……………………………… 21
2. 5つの原則 ……………………………………………………………………… 23

② 多機関カンファレンス・シートの構成 ……………………………………… 28
1. 多機関カンファレンス・シートの全体像 …………………………………… 28
2. <❶導入部分>から<❺今後の取り組みと見通しの確認>まで ………… 30

③ ファシリテーション・ガイド ………………………………………………… 36
1. 事前準備 ………………………………………………………………………… 36
2. 開始時のファシリテーション ………………………………………………… 39
3. 各パートにおけるファシリテーション ……………………………………… 40

III　AAA多機関ケースカンファレンスの実際

① カンファレンス事例から学ぶ ………………………………………………… 51

② AAA多機関ケースカンファレンス事例 ……………………………………… 52

事例 No.1：ケアマネジャーが苦慮する息子による高齢者虐待 ……………… 52
　　　　──地域包括中心に対応策を検討

事例 No.2：精神科受診につながらないと支援者が苦慮する高齢女性 ……………62
　　　　　──今後の対応策の検討
事例 No.3：生活支援が必要な認知症高齢者 …………………………………… 74
　　　　　──危機感をめぐる関係機関のズレの解消
事例 No4：ネグレクトのおそれのある高齢者 ………………………………… 82
　　　　　──関係機関間の情報共有と虐待判断
事例 No.5：自尊心の低下した知的障害者 ……………………………………… 88
　　　　　──担当者の支援をめぐる戸惑いの解消
事例 No.6：弟による知的障害者への虐待 ……………………………………… 96
　　　　　──弟理解を踏まえた支援プランの作成
事例 No.7：息子による高齢者への身体的虐待 ………………………………… 106
　　　　　──緊急対応を含む支援プランの作成
事例 No.8：障害のある夫への虐待事例 ………………………………………… 115
　　　　　──夫・妻への支援方法の検討
事例 No.9：在宅生活継続希望の認知症単身高齢者 …………………………… 126
　　　　　──地域ケア会議で関係者間の方針統一
事例 No.10：全体的支援が必要な家族 …………………………………………… 136
　　　　　──家族参加の地域ケア会議で情報共有
事例 No.11：息子による高齢者虐待の疑い ……………………………………… 141
　　　　　──虐待判断と支援の方向性の決定
事例 No.12：娘による高齢者への心理的虐待 …………………………………… 151
　　　　　──関係修復という家族再統合の方法を検討
事例 No.13：学校への不信感が強い不登校生徒 ………………………………… 162
　　　　　──学校・教育関係者間の情報共有

Ⅳ　チーム力を高めるケースカンファレンス

① AAA多機関ケースカンファレンスの有用性 ……………………………………171
　1. チームアプローチの推進 ……………………………………………………171
　2. チーム力の向上 ………………………………………………………………172

② AAA多機関ケースカンファレンスの普及 ……………………………………180
　1. 普及の方法 ……………………………………………………………………180
　2. Ｃ市の取り組み ………………………………………………………………182

AAA多機関ケースカンファレンス・シート（白紙） ………………………………186
引用・参考文献 ……………………………………………………………………………190
あとがき ……………………………………………………………………………………192

I

ケースカンファレンス

① ケースカンファレンスとは

1. ケースカンファレンスの目的

　ケースカンファレンスのやり方はいろいろあります。それらと本書で紹介するAAA多機関ケースカンファレンスとの共通点と異なる点を見ておきましょう。その前に、そもそもケースカンファレンスとはなにかについて、簡単に振り返っておきます。

1) ケースカンファレンスと事例検討会

　ケースカンファレンスには、事例研究会、事例検討会、ケース会議、ケース検討会、ケース研究会など、類似の用語がいくつかあります[※1]。このうち、ケースカンファレンスと互換的に使われることが多い用語は、事例検討会です。実践者や研究者の間では、事例検討会をケースカンファレンスと同じ意味で使っている人もいますが、本書では、区別して使います。異なるのは、主たる目的と基本的な構成メンバーです。

　事例検討会は、事例提出者が自分自身の行った実践が妥当であったのか、

※1　岩間伸之(2007)

自らの実践を振り返ること、また、その振り返りについて参加者が意見交換を行うなどのプロセスを通して、事例提出者と参加者がともに学び合うことを目的としています。その構成メンバーは、事例提供者が安心して事例の話ができるよう、メンバーは固定とするか、介護支援専門員の資格をもつ人などの一定条件を満たした人に限定されることもあります。ケースカンファレンスとは異なり、当該事例に直接関わっていない人も多く参加できます。

これに対して、ケースカンファレンスの基本的な目的は、問題・ニーズを抱える複合問題事例について、その支援方針や支援方法を検討し決定することです[※2]。構成メンバーは、特定の利用者に関わる支援者が中心となります。同じ組織のメンバーだけで行う場合もあれば、異なる組織の専門職や実務者が集まり実施する場合もあります。また、専門職・実務者だけで開催する場合も、当事者である相談者・利用者、家族等が参加する場合もあります。実際には、前者の場合が多いと思われます。というのも、ケースカンファレンスは、複合問題事例への支援の際に開催されることが多く、複合問題事例では当事者が多様な

図表 I-1　ケースカンファレンスと事例検討会

	目的	構成メンバー
事例検討会	・事例提出者と参加者が事例に対する実践の振り返りを行い、意見交換の過程を通して提出者と参加者がともに学び合うこと。	・事例提出者が安心して事例について話をすることができるよう、一定の条件を満たす専門職等。 ・事例に直接関わっていない者の参加が認められている。
ケースカンファレンス	・特定の相談者・利用者の問題状況の改善やニーズ充足のため、支援方針や支援方法を検討し決定すること。 ・特定の事例に関わっている支援者を支援すること。 ・特定の事例への実践をモニターし、評価すること。	・基本的に、特定の相談者・利用者に関わる支援者。 ・同じ組織のメンバーの場合も、異なる組織のメンバーの場合もある。 ・専門職・実務者だけで行う場合と、当事者である相談者・利用者、また、その家族等が参加する場合がある。

※2　副田あけみ（2005）

問題・ニーズを抱えていてカンファレンスに参加できない場合が少なくないからです。

2) ケースカンファレンスの目的

近年、高齢者支援の領域だけでなく、それ以外の領域でも、多様な問題・ニーズを抱えた人々の地域での暮らしを支えるために、多機関が連携・協働していくことが求められています。医療・保健・介護・福祉・教育・司法等のさまざまな領域の支援機関・職種が一堂に会し、情報と支援目標を共有し、支援方針を統一しながら本人への支援をつくりあげていく、そのために多機関・多職種によるケースカンファレンスの開催が必要になっています。

それ以外の目的でも、ケースカンファレンスは開催されます。たとえば、支援者を支援するためです。ソーシャルワークやケアマネジメントの実践現場では、複雑な問題を内包する事例が数多く存在します。こうした事例への関わりでは、支援者は自らの実践に不安を感じたり、支援に後ろ向きになってしまうことがあります。また、今後どのように対応すべきか迷ったり、苦慮することも多くあります。こうしたときにも、ケースカンファレンスを行い、参加者が事例提出者の想いを受け止めつつ、その実践をともに振り返ることで、事例提出者は、支援のあり方に対する自らの問いに関する答えを得やすくなります。

また、ケースカンファレンスは支援をモニタリングし、評価するためにも行われます。支援者が自らの実践を振り返り評価することは、専門職として当然の責務です。しかし、複合問題事例への支援で悪戦苦闘している渦中にあって、この支援の方針と内容でよいかどうか、支援者が立ち止まってひとりで評価することはむずかしいことです。

この支援の妥当性、適切性を多様な視点から行うために、自分とは異なる立場や専門性をもつ参加者たちによるカンファレンスを開催するのです。そこで、①本人(事例当事者)の側から理解を深める、②本人の変化を客観的に捉える、③本人と援助者の相互作用も含めて援助内容を評価する、④これらの内容、経過を総合的に評価する[※3]、といったプロセスを経ることで、支援の妥当性、適

※3　岩間(2007:25)

切性等に関する多角的な評価を得ることができます。

　実際のケースカンファレンスは、いくつかの目的をもって行われることも多いと思われますが、目的がなんであれ、ケースカンファレンスはon-going（進行中）の事例について、事例に関与する人々が参加し協議する会議です。事例検討会は基本的に支援が終結した事例について、事例に関与していない人々も多く参加し、その実践を振り返り、学習する会議です。当然、前者の参加人数は少なく、後者は多数となる可能性があります。

　本書で紹介するＡＡＡ多機関ケースカンファレンスは、多機関・多職種によるケースカンファレンスのひとつのやり方です。

2．ケースカンファレンスの方法

1）多様な方式の定義と原則

多様な方式

　ケースカンファレンスのやり方には、いくつか方式があります。ここでは、「ケア会議」（野中猛）、「ケースカンファレンス」（岩間伸之）、「気づきの事例検討会」（渡部律子）、PCAGIP（ピカジップ）（村山正治）、「ＡＡＡ多機関ケースカンファレンス」を取り上げます。図表Ⅰ-2の項目に沿って、それぞれを簡単に紹介していきます。

カンファレンスの定義

　「ケア会議」は、「対象者支援を中心課題とする実務者の会議」を総称したもので[※4]、「複数のニーズを持つ事例の課題解決について、多職種が協働して支援の目標や計画を議論する過程であり、ケアマネジメントの展開点として機能する場」のことです[※5]。「ケースカンファレンス」（岩間）は、当事者本人の理解を起点として、対人援助の視座から今後の援助方針を導き出す力動的過程、ということです。

※4　野中（2007:11）
※5　この定義は、野中と共に「ケア会議」を普及啓発してきた上原が著書において示している定義です。上原（2012:18）

図表Ⅰ-2　ケースカンファレンスの多様な方式

	野中の「ケア会議」	岩間の「ケースカンファレンス」	渡部の「気づきの事例検討会」	村山らの「PCAGIP」	「AAA多機関ケースカンファレンス」
定義	複数のニーズを持つ事例の課題解決について、多職種が協働して支援目標や計画を議論する過程	当事者本人の理解を起点として、対人援助の視座から今後の援助方針を導き出す力動的過程	スーパービジョンや内省的学習を取り入れた、お互いの成長のために関わり合う場	事例提供者に役立つ新しい取り組みの方向性等を見出していくプロセスを学ぶグループ体験	複合問題事例に対する多機関・多職種によるチームアプローチの手段
原則		当事者の参加／事例検討の承諾を得る	事例提供者を批判しない	参加者が個別に記録を取らない	5つの原則
構成メンバー	事例提供者、司会者、書記、参加者	事務局、事例提供者、参加者、助言者	司会、事例提供者、検討メンバー	事例提供者、ファシリテーター、記録者、メンバー	事例報告者、ファシリテーター、記録係、参加者
記述のツール、記述法	語られた内容を書記がホワイトボードに記述。支援計画策定時は「十文字表」を作成	事例提供者は、30分ていどで発表可能な「事例のまとめ」を作成し発表	事例提供者は、事例概要フォーマットを事前に記述。検討メンバーに配布	事例提供者による配布資料作成はなし。報告を記録者が黒板に記述。「ピカ支援ネット図」を描写	AAA多機関ケースカンファレンス・シート。ホワイトボード活用も可
プロセス	①事例の概要把握、②事例の全体像把握、③アセスメント、④支援目標の設定、⑤支援計画の策定（「十文字表」の作成）	①事例の提示、②事例の共有化、③論点の明確化、論点の検討、⑤まとめ	①事例提出者による事例紹介、②参加者による事例検討、③これまでの事例検討会から得られた事例提出者の気づきの発表、④参加者のコメントとさらなる事例検討、⑤事例提出者による総括コメント	第1ラウンド：①事例提供者による報告、②参加者からの質問、③板書内容の整理。第2ラウンド：①深い質問、②自由な雰囲気での話合い、③状況の全体像を「ピカ支援ネット図」に整理、④感想の共有	❶導入部分 ❷利用者理解 ❸支援者の関わり方分析 ❹未来の方向性についての話合い ❺今後の取り組みと見通しの確認
成果	情報共有、判断の共有、価値観の共有　ネットワーク形成、情緒的支え合い、研修の機会等	援助の質の向上、援助者の成長、組織の成長	利用者にとって最善の支援方法の発見、内省的実践家の養成	多様な視点の共有、視野の拡大、触れ合いからの予想外の展開、参加者の一体感・満足感・充実感	チームワークの生成・強化とタスクワークの推進によるチーム力の向上

注：野中（2007）、岩間（2007）、渡部（2008年）、村山（2017）をもとに作成。

「気づきの事例検討会」は、その名の通り、事例検討会です。「PCAGIP」[※6]（ピカジップ）もまた、ケースカンファレンスというより事例検討会と言えます。しかし、これらの会の運営方法は、ケースカンファレンスのそれと類似点が多いので、合わせて見ておくことにします。

　「気づきの事例検討会」は、支持的なスーパービジョンや内省的学習を取り入れた、参加者の成長を目的とした事例検討会です。渡部は、人は自ら納得したとき、応用可能で有用な学習をするとし、「気づきの事例検討会」では、参加者が自ら思考するそのプロセスを尊重し、検討会のなかでのポジティブな経験がその後の自発的な学習を促すとしています[※7]。「PCAGIP」は、「事例提供者の提出した簡単な事例をもとに、ファシリテーターと参加者が協力して参加者の力を最大限に引き出すとともに、事例提供者に役に立つ新しい取り組みの方向や具体的なヒントを見出していくプロセスを学ぶグループ体験」と定義されています[※8]。

　「AAA多機関ケースカンファレンス」は、複合問題事例に対する多機関・多職種によるチームアプローチのひとつの手段です。

原則

　「ケースカンファレンス」（岩間）では、当事者の参加、それができなければ、事例検討の承認を得ることとしています。「気づきの事例検討会」では事例提供者を批判しないことを、「PCAGIP」では、参加者が個別に記録を取らないことを原則としています。「AAA多機関ケースカンファレンス」でも、これらをカンファレンス実施のための条件として重視しています。

　「AAA多機関ケースカンファレンス」で原則としているのは、カンファレンスの進行に関する以下の5つです。①「話す」ことと「聴く」ことを分け、話し合いの＜余地＞を拡げる。②事例に関する問題・リスクとストレングスをバランスよく検討する。③「事例」の理解だけではなく「支援者の関わり方」を再点検する。

※6　PCAGIPは、パーソン・センタード・ケアの人間観・関係論を尊重した事例検討方法であり、パーソン・センタード・アプローチ（person-centered-Approach）のPCA、グループ（group）のG、インシデント・プロセス（incident process）のIPを表しています。村山他（2017）
※7　渡部律子（2008：3）
※8　村山他（2017：32）

④問題の共通理解ではなく、「今後の見通し」の共有を目的にする。⑤お互いの「違い」を大切にして、「チーム」の力で支援の質を高める。

これらの詳しい説明は、Ⅱ部で行います。

2）構成メンバーとツール

カンファレンスの構成メンバー

どの方式でも、事例提供者あるいは事例報告者、書記／記録者／記録係、参加者／検討メンバー／メンバーの参加を想定しています。司会者／ファシリテーターは当然いますが、「ケースカンファレンス」（岩間）だけは、カンファレンスの準備などを中心とする仕事を担う事務局が、当日の司会も行うとしています。また、この方式では、助言者が参加することになっています。

ＡＡＡ多機関ケースカンファレンスは、事例に関与している関係者が対等の立場で話し合うことを前提としています。助言者という役割を担う人の参加は前提としていません。

カンファレンスのツール

カンファレンスのツールとしては、ホワイトボードや黒板を活用し、会議で語られた内容等を書記／記録者が随時、それに書いていく方法をとる例が多くなっています。「ケア会議」では「十文字表」、「PCAGIP」では「ピカ支援ネット図」といった情報をまとめる独自のフレームワークを提示しています。

ＡＡＡ多機関ケースカンファレンスでも、情報を整理するフレームワークを設定したシートを用意しています。ただし、「十文字表」は支援経過の策定のときに使われるものであり、「ピカ支援ネット図」が事例をめぐる状況の全体像を描くために用いられるフレームワークであるのに対し、ＡＡＡ多機関ケースカンファレンス・シート（略称、多機関カンファレンス・シート）は、カンファレンスの全行程のフレームワークを示したものです。この行程に従って語られたこと、話し合ったことを、シートに記入していきます。カンファレンスの進行手順を示したガイドであり、記録となるものです。もちろん、ホワイトボードをシートに見立てて、記録係が書いていくこともできます。

なお、「気づきの事例検討会」では、事例提供者に事例概要フォーマットに事前に情報を記述することを求めていますが、「PCAGIP」では、そうした事前の

配布資料作成を求めていません。AAA多機関ケースカンファレンスでも、事例に関する資料を新たに作成することは求めていません。

3) プロセスと成果

　「ケア会議」と「ケースカンファレンス」(岩間)、「気づきの事例検討会」において、カンファレンスのプロセスとして想定しているものは、おおよそ以下のようなものと言ってよいでしょう。①事例提供者から事例の概要を報告してもらい、これについて参加者から質問をする。②事例に関する情報を整理、共有し、事例の全体像を理解する。③その理解をもとに論点を検討したり、事例提供者の気づきを導く。そして、④支援目標や支援計画を策定する。

　AAA多機関ケースカンファレンスの流れも、こうしたプロセスと大きく変わるわけではありません。ただし、先の原則のところで触れたように、問題・リスクとストレングスをバランスよく検討すること、「事例」の理解だけでなく「支援者の関わり方」を再検討すること、問題の共通理解ではなく「今後の見通し」を共有することなどを重視し、シートそれ自体に、共有すべき情報や語り合うべき項目を、その順番も含めてあらかじめ記載してあります。

　このシートを使えば、カンファレンスの進め方で迷い、結論が得られない、といった事態に陥ることは避けられます。スーパーバイザーや助言者が、また、ファシリテーションに熟達した人がいなくても、カンファレンスの目的を達成することはむずかしくないと思われます。

カンファレンスの成果

　図表Ⅰ-2で見ると、成果として表現されたものは、方式によっていろいろですが、カンファレンスの成果を、ケースカンファレンスの実施によってもたらされた肯定的な結果、と考えるのならば、いずれも成果として理解することのできるものです。

　このうち、「ケア会議」で言っている「情緒的支え合い」や、「PCAGIP」で言っている「参加者の一体感や満足感、充実感」という成果は、AAA多機関ケースカンファレンスの「チームワークの生成・強化」という効果に近く、「ケースカンファレンス」(岩間)で言う「援助の質の向上」や、「気づきの事例検討会」で言う「利用者にとっての最善の支援方法を発見」という成果は、AAA多機関ケース

カンファレンスの「タスクワークの推進」という効果に近いと考えることができます。

AAA多機関ケースカンファレンスでは、この「チームワークの生成・強化」と「タスクワークの推進」によって、多機関・多職種から成る一時的な集団の「チーム力」が高まることを成果として表現しています。他の方式では、チームとしての成果に触れたものはありません。

AAA多機関ケースカンファレンスでは、多機関カンファレンス・シートを用いれば、熟達したファシリテーターでなくても、会議を円滑に運営できると考えています。しかし一般的には、ケースカンファレンスの運営においてファシリテーターの役割は大きいと考えられています。そこで次に、ファシリテーターに関する一般論を概観し、AAA多機関ケースカンファレンスにおけるファシリテーターの役割について見ておきましょう。

② ファシリテーターの役割

1. ファシリテーションとは

ファシリテーション（facilitation）とは、「プロセスや活動を容易にできるよう支援する」「促進する」「舵取りをする」ということが元の意味です。チームやグループ等の集団による問題解決、アイディア創出、学習や教育等、さまざまな場面でメンバーを支援し、その活動を促進していく役割を担う人がファシリテーター（facilitator）と呼ばれています。会議で言えば進行役にあたりますが、単なる司会進行役ではありません。

ファシリテーションというと、ビジネス分野を思い浮かべる方が多いかもしれません。たしかに組織開発、組織変革、チームビルディング等のビジネス関連書籍には必ずと言ってよいほどファシリテーションについて書かれています。しかし、もともとファシリテーションはビジネス界で始まったものではなく、1960年代のアメリカにおいてほぼ同時期にふたつの流れから始まりました。ひとつ

目はグループを用いた体験学習を促す集団心理療法としてのエンカウンターグループ、もうひとつは、コミュニティ・ディベロップメントセンターにおける町づくりを考える技法としてのワークショップ等です。

1970年代半ばには、アメリカのビジネス界において、プロジェクトを効果的かつ円滑に進めていくためのより効率的な会議方法が模索され、リーダーシップとともにファシリテーションの技術が注目されるようになりました。日本に紹介されたのは1990年代後半です。日本ファシリテーション協会初代会長である堀公俊は、ファシリテーションを4つのスキルすなわち、「場のデザインのスキル～場を作りつなげる～」、「対人関係のスキル～受け止め、引き出す～」、「構造化のスキル～かみ合わせ、整理する～」、「合意形成のスキル～まとめて、分かち合う～」で表現しました。

ファシリテーションはその源流をさかのぼって考えてもわかるように適用範囲が広く、グループ学習、プロジェクト、タスク等、ゴールがある活動にファシリテーション技術を用いることができます。どのような状態でゴールを迎えればよいのか、ゴールを達成するためにメンバーの力を最大限発揮できるよう引き出す技術がファシリテーションなのです。

2. ファシリテーターとリーダー

図表I-3は、ファシリテーターの役割とスキルをまとめた図です。会議におけるファシリテーターの役割には、「場の雰囲気づくり」、「現状理解と対話の促進」、「相互理解の促進と整理」「合意形成とリフレクション」があります。スキルには、「傾聴、共感的理解のスキル」、「グループダイナミクスを読み取るスキル」、「質問、問いかけのスキル」、「記録のスキル」、「合意形成を構築するまとめのスキル」などがあります。

ファシリテーターには、場の雰囲気、話し合いの流れ等を客観的に観察し、時間管理を行って、メンバーが安心して話し合いができるように促す人というイメージがあります。一方、リーダーは話し合いの責任者であり、積極的に話し合いをリードする人というイメージがあります。しかし、リーダーシップについても

図表Ⅰ-3　ファシリテーターの役割とスキル

ファシリテーターの役割、位置づけ		ファシリテーターのスキル
場の雰囲気作り	・ファシリテーターは中立の立場で参加する。 ・メンバー皆が対等で互いの話をよく聴き、受けとめるよう促す。 ・メンバーの発言を否定、無視、攻撃しないよう注意を払う。 ・無理にまとめるのではなく、さまざまな意見を集約し、そこから何ができていくか楽しむ。	傾聴、共感的理解のスキル グループダイナミクスを読み取るスキル
現状理解と対話の促進	・発言者が偏らないよう配慮する。 ・メンバー同士の話し合いを促す。 ・状況（知っている事実と自分の行っていること）を共有する。 ・意見や考え方の相違を歓迎し、メンバーは知識、経験、専門的力量、想像力と創造力の宝庫であることを伝え、グループ全体のリソースを引き出す。 ・考えを深める対話（ダイアローグ）を促進し、柔軟に意見やアイディアを集める。	質問、問いかけのスキル ・情報を引き出すスキル ・考えを深める問いかけ ・Why ではなく What と How
相互理解の促進と整理	・記録したメンバーの発言を整理し、事実や体験を分かち合い、相互理解を深める。 ・ビジョン（目標像、到達イメージ、何を目指したいか）を改めて話し合う。	記録のスキル ・ホワイトボード ・模造紙
合意形成とリフレクション	・同意できなくても合意レベルに至るよう促す。 ・今後の取り組みの具体的なアイディアを出し合う。 ・ネクストアクション（誰が何をいつまでにするのか）を決める。 ・メンバー皆が話し合いを振り返るよう促す。	合意形成を構築するまとめのスキル

注：フラン・リース（2002）、Elizabeth Breshears Roger Volker(2013)、堀（2013）をもとに作成。

時代とともにさまざまな考え方があり、変化してきました。

　リーダーシップの代表的な理論として三隅二不二が提唱した行動理論のひとつ、「PM理論」というものがあります。この理論ではリーダーシップを、「P型：課題達成機能（Performance）」「M型：人間関係・集団維持機能（Maintenance）」のふたつの能力次元から捉え、PM型（ともに強い）、Pm型、pM型、pm（ともに弱い）型の4類型で捉えています。しかし、PM型リーダーの行動を模倣するだけでリーダーシップが身に付くわけではなかったため、次に内的および外的環境の条件によってリーダーシップスタイルを変化させるのが適切という条件適合理論が発展しました。代表的な理論のひとつに、ハウス（R.House）の提唱した「パス・ゴール理論」があります。ハウスは、リーダーシップをビジョン型、参加型、指示型、支援型の4つに分類し、「環境要因」および「部下の要因」によって、適したリーダーシップスタイルは変化するとしました。

　その後、条件適合理論を元に、環境や状況ごとにさまざまなリーダーシップのパターンの研究がなされ、変革型リーダーシップやサーバント・リーダーシップ、オーセンティック・リーダーシップ[※1]などの新たな概念が登場しています。とくにサーバント・リーダーシップは、メンバーのみなを引っ張っていくような従来のリーダーシップのイメージとは反対で、その名の通り「奉仕者」というイメージです。つまり、自分自身を支援者として認識し、メンバーの話を傾聴し、対話とチーム形成に力を注ぐリーダーです。そのほか、最近ではリーダーとファシリテーターの役割やイメージが混在する形のファシリテイティブ・リーダーという用語やそれに関する著書も出版されています。

　いずれにせよ、リーダーは活動の目標、すなわち、到着すべき最終地点を見据え、活動を推進するのが役割です。一方、ファシリテーターは目標、つまり、最

※1　オーセンティック・リーダーシップ：直訳すると「本物のリーダーシップ」になります。米国メドトロニック社の元CEOであったビル・ジョージによって提唱されました。かれの著書『ミッション・リーダーシップ』（2004）では、エンロン社の粉飾会計を例にあげて、企業のCEOには高い倫理観や道徳観が必要であること、誰かをまねるのではなく自分らしさを発揮することが大切であることを説いています。また、リーダーの特性として「自らの目的をしっかり理解する」「しっかりした倫理観・価値観に基づいて行動する」「真心をこめてリードする」「しっかりした人間関係を築く」「自己を律する」の5つをあげています。これが、オーセンティック・リーダーです。ビル・ジョージ．梅津訳（2004）、スティーヴン・マーフィ重松（2019）

終到達地点に至るまでの道筋を作っていくことが役割です。

　会社のプロジェクトや組織改革などでは、このふたつの役割をもつ者が協働することで目標を達成することができます。しかし、福祉分野ではビジネス界とは異なり、人の暮らしや人の気持ち、さまざまな問題・ニーズが絡み合う複合的な問題を対象とします。そのため、多様な機関の多職種が連携・協働して支援していく必要があります。それぞれの機関の目的や機能、立場、また、各職種の専門性の違いなどから、その連携・協働は、必ずしも容易ではありません。それぞれが、自分の意見を主張し続けたり、発言したあとは傍観者になってしまったりするとよりよい協働はできません。そのために多機関協働では、対話を促進し、話し合いの到達点に至るまでの道筋を作るファシリテーターの役割が重要になってくるのです。

　AAA多機関ケースカンファレンスで用いるシートには、カンファレンスにおける機関間、職種間において、なにについてどのような順で話し合いを進めていけばよいのか、カンファレンスのフレームワーク(枠組み)が記述してあります。これを使えば、ファシリテーターはその役割遂行が多少楽になり、傾聴や共感的理解のスキル、問いかけのスキルといった対人関係のスキルや、合意形成のスキルを使っていくことに力を注ぐことができるはずです。

Ⅰ　ケースカンファレンス

Ⅱ AAA多機関ケースカンファレンス

① AAA多機関ケースカンファレンスの原則

1. 多機関・多職種によるケースカンファレンス

　AAA多機関ケースカンファレンス・シート(多機関カンファレンス・シート)は、なんらかの形で事例に関わってきた多機関・多職種の人たちが想いを抱えて集まるカンファレンスのためのシートです。このシートを用いたケースカンファレンスのことを、AAA多機関ケースカンファレンスと呼びます。

　関係者のカンファレンスがうまくいかないことがあるのはなぜでしょうか。それは、文字通り関係者だけのカンファレンスだからです。それぞれの立場でいろいろ関わってきた時間があり、会議中にもうまくいったりいかなかったりしたことが思い起こされます。頑張ったけれどうまくいかない、とか、他のケースで忙殺されてこれ以上役割を担えないと

図表Ⅱ-1　「事例の共通理解」は難しい

か、関係者のなかにもいろいろな想いがあるでしょう。
　そのような状況で「事例の共通理解」を最重視したカンファレンスを行うと、意見の一致をみることがむずかしくなります。

　関係者が異なる機関、異なる職種の人々である場合、それぞれの立場や役割が違うため、事例や問題の見え方、捉え方が異なるのは当然です。それぞれの違いを、「多角的・複合的な視点」として受け入れ、共有することが、異なる機関・職種間の連携・協働には欠かせません。しかし、その違う見え方、捉え方を、「一致させなければならない」と思って参加していると、「誰の捉え方が一番妥当か」、「正しいか」といったやりとりになってしまい、視点の違いが対立につながることすらあります。また、参加者全員が多かれ少なかれ行き詰まり感を抱いていると、「行き詰まりは事実だ」というしんどい想いばかりが共有されてしまい、カンファレンスを開いて気持ちは共有できたものの、行き詰まり感から抜け出せず、その後の対応方法を検討しづらくなってしまいます。
　AAA多機関ケースカンファレンスでは、このような関係者同士が集まるカンファレンスを少しでも有用なものにするために、5つの原則を設けています。ひとつずつ、順番に紹介していきましょう。

AAA多機関ケースカンファレンスの5つの原則

1　「話す」ことと「聴く」ことを分け、話し合いの〈余地〉を拡げる。
2　事例に関する問題・リスクとストレングスをバランスよく検討する。
3　「事例」の理解だけではなく「支援者の関わり方」を再点検する。
4　問題の共通理解ではなく、「今後の見通し」の共有を目的にする。
5　お互いの「違い」を大切にして、「チーム」の力で支援の質を高める。

2. 5つの原則

1)「話す」ことと「聴く」ことを分け、話し合いの＜余地＞を拡げる

　関係者によるカンファレンスを開くのは、実は大変なことです。それぞれ業務を手いっぱい抱えている人たちが約束の時間を調整しますが、それぞれ直前までの対応を引きずっていて、カンファレンス開始時にはまだ事例のことに集中できていないかもしれません。カンファレンス後のことを考えている参加者もいるかもしれません。カンファレンスで話し合われる内容を頭に拡げる＜余地＞がまだない状態から始まるのが普通です。

　誰がいつ話すか、いつ聴くかが決まっていないカンファレンスで起こりやすい問題とはなんでしょうか。話したいことが頭にあふれている人や、あらかじめ話すことを準備してきた人は、たくさん話をするでしょう。しかし、まだ頭に話されている内容を受け止める＜余地＞のない人にとっては、話された内容を理解するだけで精一杯になります。そのようななかで発言を求められても、自分の考えを整理して話すのは大

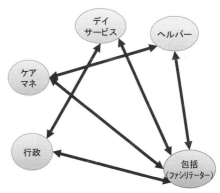

図表Ⅱ-2　「話す」と「聴く」を分けない会議

変です。ファシリテーターがあらかじめ全員に発言を求めておくこともあります。そうすると「自分はなにを話そうか」をしっかり考えることはできますが、他の人の発言を聞き漏らしやすくなり、情報の共有がむずかしくなってしまいます。ときには、参加者同士の議論が起き、それがファシリテーションの流れを混乱させてしまう場合もあります。

　AAA多機関ケースカンファレンスでは、このような状況を変えるために、「話す」ことと「聴く」ことを分ける工夫をしました。これは元々デンマークのトム・アンデルセンという医師が開発した「リフレクティング・プロセス」という、話を

しっかり聴き、答えていくための手法[※1]を、フィンランドのトム・アーンキルという社会福祉学者がカンファレンス用に発展させたものに基づいています[※2]。

この方法は、図表Ⅱ-3のように、ファシリテーターが参加者一人ひとりと向き合ってテーマに従って発言を求めます。発言内容については記録係が共有記録（ケースカンファレンス・シートやホワイトボード）に書き留めます。参加者は個人的なメモをとりません。こうすることによって、他の参加者が話している間は「聴く」ことに集中することができますし、自分の番が来たら自分の視点から「話す」ことができます。

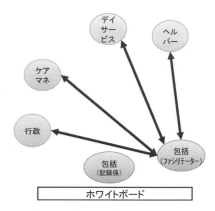

図表Ⅱ-3 「話す」と「聴く」を分ける会議

実際にこのような会議に参加してみると、自分の順番になるまで発言できないことに不自由に感じるかもしれません。しかし、異なる機関から参加したメンバーが、お互いの話にしっかり耳を傾ける時間が生まれるので、徐々に事例に集中しながら話し合いの＜余地＞を拡げることができるようになるのです。

2）事例に関する問題・リスクとストレングスをバランスよく検討する

ふたつ目の原則も、参加者の視野を拡げることで話し合いの＜余地＞を拡げようとするものです。

図表Ⅱ-4に示したように、「問題」は、本人やご家族の生活のなかの「一部」に過ぎません。しかし、しっかり考えないといけない大事なことです。「リスク」は、問題状況をさらに複雑にするかもしれない要因のことです。問題が生じる可能性の予想をしっかりとして対策を練ることが必要です。

この「問題」と「リスク」を確認していくプロセスは大切ではあるのですが、元々「困り感」を抱えてカンファレンスに参加した人にとっては、「困り感を強化

※1　矢原（2016）
※2　ヤーコ・セイックラ＆トム・アーンキル（2016）

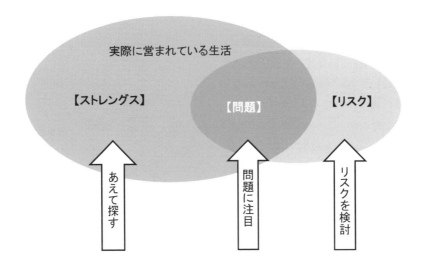

図表Ⅱ-4　問題・リスクとストレングス

する」時間となります。問題がこんなにたくさんあり、リスクもこんなにあると思うことで、視野がどんどんと問題に偏り、心理的視野狭窄と言われる状況に陥ってしまうのです。そうなると、本人や家族の生活のなかには「ストレングス」があるにもかかわらず、それらは見過ごされがちになります。

　AAA多機関ケースカンファレンスでは、あえて最初に「問題」ではないこと、続けてほしいこと、できていること、つまり「ストレングス」を意識的に探して発言することを提案しています。他の参加者が話すストレングスについてよく聴き、自分も意識的に探します。そうすることで、状況の見え方が変わり、視野が拡がり、話し合いの＜余地＞を拡げていくことができます。最初に意図的にストレングスを探す時間を取るだけで、話し合いの質には大きな変化が生じます。「ストレングスが見えていない」ということに気づくだけでも、次に本人や家族に関わるとき、もっといろいろなことを聴いてみようと思えるようになるでしょう。

3)「事例」の理解だけではなく「支援者の関わり方」を再点検する

　3つ目の原則は、問題は人と環境との接点に生じている、というソーシャル

ワークの基本原則に立ち返るものです。「問題」を「本人」や「家族」に求めるのではなく、支援者と本人・家族との関係に、すなわち、支援者の働きかけに本人・家族がどう反応したのか、に焦点を当てるのです。どのような「支援者の関わり方」が本人や家族に悪くない、あるいはよい反応をもたらしたのか、また、うまくいかなかったのはどのような関わり方だったのか、こうした観点から見ていくことで、支援を考えていく視野が拡がっていきます。

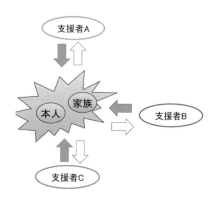

図表Ⅱ-5　よい反応が生じる関わり方は何か？

「支援者の関わり方」に注目することは、これまでそれぞれの支援者が重ねてきた「当たり前の日常業務」を再考し、光を当てるところに意義があります。支援者がこれまで払ってきた努力や工夫を再評価することは重要です。お互いの工夫を知ることは、チーム内の相互信頼を高めながら話し合いの＜余地＞を拡げることに役立ちます。

4）問題の共通理解ではなく、「今後の見通し」の共有を目的にする

　4つ目の原則は、なにを「共有」するかに関するものです。図表Ⅱ-1で示したように、ＡＡＡ多機関ケースカンファレンスでは、「問題の共通理解」を重視していません。関係機関の立場や役割によって、問題の見え方は異なる、このことを前提としたカンファレンスだからです。問題の見え方の「違い」を共有し、チームとしての足並みをそろえていくために必要なのは、「未来」の方向性です。

　まず、本人や家族はどうなったらよいと思っているのか、その望みを確認します。本人や家族の望みは、支援の方向性を考える上で大きな指針となります。「少しはホッとできる時間が持ちたい」とか「健康になりたい」といったことでかまいません。本人や家族の望みを聴くことができていない場合には、支援者がこうだろうか、ととりあえず考えてみます。

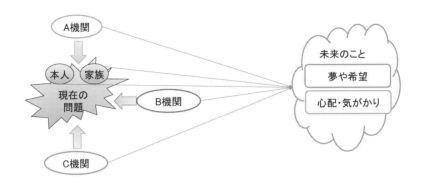

図表Ⅱ-6 「問題の共通理解」より「見通しの共有」を

　その上で、本人・家族の望みを踏まえ、これまでに共有できた情報をもとに、現状で考えられる「本人も家族も「安全で安心できる暮らし」とはどのようなことだろうか」と考えていきます。多機関カンファレンス・シートでは、これを「安全像」と名づけています。まず物理的な安全が確認されていて、さらに心理的にも安らげる暮らしの様子と考えるとよいでしょう。本人や家族がどうしたら安全であり安らげると感じられるかがわからない場合には、まずは支援者が、「本人や家族がこういう状況なら、安心して見ていられると思える状態」を具体的に考えます。もちろん身体的なリスクのある事例では、「最低限安全だといえる状態」をしっかり考えることが重要です。

　次に、この「安全像」に対して、現状はどの段階なのかを数値化します。多機関カンファレンス・シートでは、安全到達度評価と呼んでいます。安全度を数値化することで、未来に対する支援者それぞれの「希望の強さ」や「心配・気がかりの強さ」がはっきり見えてきます。情報を同じように共有していても、希望が持てるか、心配の方が強いかは人によって異なります。安全度の点数を統一する必要はありません。点数をつける際には、なぜ、その点数をつけたのか、それぞれ理由を述べるようにします。これを相互に聴くことで、機関や職種、個人の考え方や視点、価値観等の違いを理解し、共有することができます。

　最後は、現状を少しでも「安全像」に近づけるためにはどうすればよいのか、どのような手立てがあるか、そのためになにをすればよいか…とみなで考えてい

きます。未来の方向性と当面の目標となる「安全像」を共有し、具体的な手立てを考えていくことで今後の見通しがより現実的なものとなっていきます。今後に対する不安が強い支援者をみなで支えられるような、現実的な提案ができることで、チーム力が高まっていきます。

5）お互いの「違い」を大切にして、「チーム」の力で支援の質を高める

　ＡＡＡ多機関ケースカンファレンスでは、参加者一人ひとりの「違い」を大切にしています。複数の機関で連携・協働し、本人や家族を支えていくためには、「違い」を活かすことがなにより重要です。そのため、それぞれの項目についての話し合いでは、無理にひとつにまとめることをせず、「違い」を大切にします。

　お互いの「違い」を批判せず受け入れる関係になることで、ケースカンファレンスが安全に安心して話し合える場に変わっていきます。「違い」を安心して共有できると、チームとしてその違いをどう活かすか、どう役立てるか、どう支え合うか、という視点も考えられるようになっていきます。そうすることで、お互いの役割の違いを理解し合い、相互に補い合うことのできる、真のチームワークを発揮することができるようになるのです。

２　多機関カンファレンス・シートの構成

1. 多機関カンファレンス・シートの全体像

　ＡＡＡ多機関ケースカンファレンス・シート（多機関カンファレンス・シート）の記入例を、32ページより示しました。これは、地域包括支援センターの山吹さんから出された、百合子さんに関するケースカンファレンスの記録です[※1]。記載してある内容はともかく、多機関カンファレンス・シートがセクション１からセク

※1　本事例は、私たちの経験をもとに作成した架空事例です。月刊ケアマネジメント（2018年10月号）でＡＡＡ多機関ケースカンファレンスを解説した際にも用いた事例です。副田（2018）

ション12までの項目から構成されていることを理解してください。紙のシートではなく、ホワイトボードを使ってカンファレンスを開くときは、これらの項目をこの順にホワイトボードに書いて進行していきます。

　セクション1からセクション12までは、点線で囲んだ❶〜❺までの5つのパートにまとめることができます[※2]。

　　<❶導入部分>
　　　　セクション1「本日話し合いたいこと（心配ごと・困っている点）」
　　　　セクション2「ジェノグラム・エコマップ」
　　　　セクション3「支援経過」
　　<❷利用者理解>
　　　　セクション4「本人・家族のできていること・悪くないこと」
　　　　セクション5「本人・家族の困ったこと・心配なこと」
　　<❸支援者の関わり方分析>
　　　　セクション6「支援者のうまくいった関わり方」
　　　　セクション7「支援者のうまくいかなかった関わり方」
　　<❹未来の方向性についての話し合い>
　　　　セクション8「本人・家族の望み」
　　　　セクション9「9-1安全像、9-2安全到達度」
　　<❺今後の取り組みと見通しの確認>
　　　　セクション10「今後の取り組みアイディア」
　　　　セクション11「見通し」
　　　　セクション12「現時点でのプラン」

　以下、各パートに沿って、それぞれのセクションの簡単な説明を行います。このシートを用いて行うAAA多機関ケースカンファレンスの開催準備の方法やファシリテーションの仕方については、このあとの③で詳しく説明します。

※2　ここでは5つのパートをわかりやすくするため点線で囲み、❶〜❺の番号を振っていますが、本来の多機関カンファレンス・シートには点線の囲みも、❶〜❺もありません。

2. <❶導入部分>から<❺今後の取り組みと見通しの確認>まで

<❶導入部分>
　導入部分の最初は、セクション1「本日話し合いたいこと(心配ごと・困っている点)」です。まず、事例報告者が本日話し合いたいと思っている心配ごとや困っている点を語ります。それから、他の参加者で話し合いたいことがある方にも語ってもらいます。
　次は、セクション2「ジェノグラム・エコマップ」と、セクション3「支援経過」です。ここは、事例報告者から事例概要を話してもらい、それを記入する部分です。ただし、このふたつのセクションは、フェイスシートや経過記録のメモなど、既存資料を活用すれば、記録のための時間を省略できます。

<❷利用者理解>
　セクション4「本人・家族のできていること・悪くないこと」と、セクション5「本人・家族の困ったこと・心配なこと」を話していく部分です。ストレングス(強み)として捉えることのできる、「できていること・悪くないこと」を、問題やリスクを話し合う前に探します。利用者本人や家族自身は、これらの点についてどう捉えているのか、それが確認できていれば記述します。確認できていないときは、支援者の視点からの情報だけ記述します。

<❸支援者の関わり方分析>
　支援者が本人や家族に対してどのように関わってきたかを振り返る「支援者の関わり方」について話し合う部分です。どのように工夫しながら関わってきたのかを話していくなかで、セクション6の「うまくいった関わり方」と、セクション7の「うまくいかなかった関わり方」に分けて情報を整理します。

<❹未来の方向性についての話し合い>
　未来の方向性についての話し合いは、セクション8、セクション9の2つのステップに分かれます。
　まず、セクション8「本人・家族の望み」で、本人や家族の望みを確認します。これは、支援者が未来の方向性を考える上での指針になるものです。その望みについては、誰が誰から聞いた情報であるのかわかるように記録します。
　セクション9は、「9-1安全像」と「9-2安全到達度」です。セクション9の目

的は、「安全到達度」を数値化することですが、そのためにまず、「安全像」をイメージします。私たちは、当初、多機関カンファレンス・シートを高齢者虐待防止のために開発しました。そのため、「安全像」という用語を用いていますが、意味するところは、「安全で安心な暮らしの状態」です。

「9-2安全到達度」は、参加者それぞれが「安全像」の具体的なイメージを語ったあと、その全体像を当該事例の「安全像」としてみなで確認し、その状態を10点、直ちに強制介入すべき、あるいは、まったく安全・安心ではない状態を0点として、現状は何点と考えるか点数をつけることです。点数がバラけていても、まとめることはしません。つけた点数の理由をそれぞれが語ることを通して、参加者の考え方、価値基準等を相互に理解し、その違いを共有します。

<❺今後の取り組みと見通しの確認>

未来の方向性を考え、現時点での安全度はどのていどかの見立てを共有できたなら、「少しでも状況を変えるためにできそうなこと」を、セクション10とセクション11で考え、セクション12で整理、確認します。

セクション10では、「今後の取り組みアイディア」を考えます。まず、これまでやってきたことで、今後も続けようと思うこと、今後もやるべき価値のある行動をあげてリストにしていきます。そして、カンファレンス中に思いついたアイディアや、新たにやってみたいこと、できたらよいと思うことを自由にあげていきます。

セクション11「見通し」では、セクション10で出てきたアイディアについて、実際にやったらどうなるかを吟味していきます。すでに行ってきたことについては、「やったらどうなるか、止めたらどうなるか」と考えることで、その行為の適切な頻度などを再検討します。これまでやっていないことについては、どういう条件がそろったらできそうか、やれたらどんな意義があるかを考えることで、より現実的な方策を検討します。

セクション12は、「現時点でのプラン」です。ここまでのセクションで、参加者一人ひとりが当面、なにをやるかは決まってきているので、それを簡単にまとめます。

最後に、次回のカンファレンス予定を決めます。日時の設定まではできなくても、どのような場合に開くという目安を話し合っておきます。

①

2019年5月13日　　事例:○○百合子
　　　　　　　　　事例報告者:山吹○○

1　本日話し合いたいこと（心配ごと・困っている点）

訪問を継続しながらサービスの導入を促したいと考えているが、安全の確認が十分にできているか不安があるので一緒に検討してほしい。

参加者で話し合いたいことがある方
名前:＿＿＿＿＿＿＿＿
話し合いたい点:＿＿＿＿＿＿＿＿＿＿＿＿

参加者:山吹（地域包括SW）、堀（地域包括センター長）、鈴木（行政・SW）、梅沢（CM）

※フェイスシート等既存資料を活用し、新しい情報のみ記載してもOK

2　ジェノグラム・エコマップ

3　支援経過

②

4　本人・家族のでき悪くないこと

〈本人・家族はどう捉えて
圭介さん:ストレス発散のた
結んでから思い切りガチャ

〈支援者たちはどう捉え
関心をもち、心配してくれる
民生委員の荻野さんによる
自慢の親孝行息子だったと
玄関先には紫陽花をきれい
圭介さんの話し方は「普通
し、朝5時から起きて百合
排泄介助は2時間置きに。
ストレス発散で茶碗を割る
うに配慮している。茶碗割
夜中に母親に騒がれたと
をあげるなどの努力をして

③

6　支援者のうまく

・家庭訪問前に民生委員か
な点に関する情報を得てい
場面でも、緊張を和らげる
・百合子さんの生活と圭
いに聴き、圭介さんなりの
らうと、圭介さんも率直に
た。
・圭介さんに対して「お母さ
できていないときのつらさ

©AAA多機関ケースカン

ていること・

〈いるか〉
めに茶碗を入れた袋をしっかり
ンと割っている。

〈ているか〉
隣家の浜さんがいる。
と息子の圭介さんは百合子さん
のこと。
に咲かせている。
の感じ」、水を飲むなどして努力
子さんをトイレ介助をしている。

ときも、母親をケガさせないよ
るのも減らしたいと思っている。
き、受け流す、なだめる、ごはん
いる。

5　本人・家族の困ったこと・心配なこと

・実際にあったことには●をつける
・予想される心配事には？をつける
・緊急な危険には★をつけること

〈本人・家族はどう捉えているか〉
●圭介さん：相当疲れて寝ているときに、母親が「お腹が空いた」「ごはんたべさせてもらっていない」と騒ぐ。言い聞かせてもエスカレートする。

〈支援者たちはどう捉えているか〉
●百合子さんの認知症状が悪化している。
●圭介さん：介護のため離職している。
●百合子さんの行為がエスカレートしたときに、圭介さんのがまんが限界となり、大声で怒鳴る、手で胸のところを押してしまう、といった行為が出てしまった。
●2か月前から、夜間に圭介さんの母親を叱りつける声や、ものの割れる音が聞こえていると、隣人が心配している。
？百合子さんの認知症がさらに進むと、圭介さんの疲労や負担感が増し、言葉や身体的暴力が増えるのではないか。

いった関わり方

らふたりについて、よい点・心配
たので、圭介さんとの出会いの
雑談ができた。
介さんの介護の様子をていね
工夫や努力をしている点をねぎ
介護に対する想いを話してくれ

ん想い」ということを伝えると、
についても話してもらえた。

7　支援者のうまくいかなかった関わり方

・いまのところ、大きな失敗はしていないが、圭介さんは介護のやり方について何か言われることに身構えている様子なので、安易なアドバイスを押し付けないように気を付けたほうがよさそう。

4

8 本人・家族の望み

〈誰が、誰からどう聴いたか〉
圭介さん:母親が騒がずに眠ってくれて、自分はDVDをゆっくり観ることができること(包括の山吹が聞いた)。

9-2 安全到達度

〈それぞれ安全到達度は何点くらい

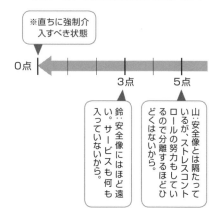

※直ちに強制介入すべき状態

0点　　　　　　　3点　　5点

鈴:安全像にはほど遠い。サービスも何も入っていないから。

山:安全像とは隔たっているが、ストレスコントロールの努力もしているので分離するほどひどくはないから。

5

10 今後の取り組みアイディア

〈今やっていることで、これからも続けようと思うこと〉
・週1回は包括の訪問による圭介さんとの話し合いを続ける。
・介護について細かくねぎらう。

〈この後、やってみたいこと、できたらよいと思うこと〉
・百合子さんの医療サービスの利用状況、介護サービス利用経験の有無等について聞く。
・百合子さんへデイサービス利用の提案。
・圭介さんへ、認知症カフェや男性介護者の会への参加のお誘い。
・民生委員や隣人を交えた介護者宅でのカンファレンスの実施。

11 見通し

〈やったらどうなるか、止めたらどう
・時間の調整が必要だが、続けることに高めることができる。
・また百合子さんの安全の確認ができ

〈すぐにできそうか、やれたらどうな
・介護サービスについての圭介さん、百確認することで、紹介するときのポイン
・デイサービス見学の提案はできる。限界があるが、週に2,3回ならば可
・息子さんでも参加しやすい認知症力の地域にはまだなく、圭介さんもすぐに
・民生委員、隣人に、百合子さんを適宜さんとも会話をすることをお願いするこ

9-1 安全像

山（地域包括）：百合子さんが夜しっかり眠ることができている。圭介さんが、1週間に数回は、DVD観賞やその他の趣味等を楽しめ、リラックスできる時間がもてている。

鈴（行政）：隣人や民生委員など地域の人たちも心配してくれていることを介護者も知り、圭介さんがその人たちと会話や相談ができる。

梅（CM）：百合子さんが週に数回はサービスを利用したりして、圭介さん以外の人と会話する機会がもてていること。圭介さんも自分が楽しめる時間や場所をもてていること。

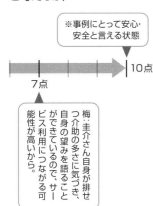

※事例にとって安心・安全と言える状態

7点　10点

梅：圭介さん自身が排せつ介助の多さに気づき、自身の望みを語ることができているので、サービス利用につながる可能性が高いから。

〈と考えるか〉

12 現時点でのプラン

〈誰がなにをするか〉
・包括は訪問継続（次回は来週中に実施）。
・CMは△日には同行訪問し、デイサービスの見学を勧める。（2週間以内に）。
・包括は、民生委員や隣人宅を訪問し、月1回程度の百合子さん宅訪問を依頼し、そのときの様子を知らせてくれるようお願いする。
・次回の会議は、圭介さんが訪問を拒否するようなことがあれば直ちに開催する。

〈なるか〉
で圭介さんとの信頼関係をさらる。

〈るか〉
合子さんの想いをていねいにトがつかめそう。
経済的理由から利用回数には能ではないか。
フェや男性介護者の会は、こは無理。
訪問してもらい、その際、圭介とは可能。

次回　年　月　日

③ ファシリテーション・ガイド

　ファシリテーターとしての準備とファシリテーションの進め方に関する基本的な事柄について、以下では、●太字で示しました。そのあとの・の部分は、その方法や留意点等です。ファシリテーターとして慣れないうちは、太字部分を読みながら進めていってください。

1. 事前準備

1) 活用できる場面

●**複合問題事例（支援困難事例）に関与している機関の専門職・実務者が、支援プランを検討したいと思ったとき、いつでも使うことができます。図表Ⅱ-7は、活用できる場面を例示したものです。**

図表Ⅱ-7　AAAシート活用場面の例

```
(1) 支援プランの作成・点検・終了
・複合問題事例の支援を検討していくにあたり、関与している複数の機関の専門職や実務者が情報を持ち寄って共有し、支援の方針や支援方法を話し合うとき
・合意された支援の方針やプランの実施がうまくいったかどうかモニタリングするとき
・複数の機関の専門職・実務者による支援を終結するかどうか判断するとき
(2) チームづくり
・関係機関間の情報が混乱しているとき
・関係機関間で支援の方向性が一致していないとき
・複数の機関の専門職が関わりながら、「困った状況」に変化が生じなくなってしまっているとき
(3) 支援者の支援
・複合問題事例の主担当者等が、事例への対応に苦慮し、「困り感」を抱えているとき。
```

2) 参加者

● 事例に関与している機関の専門職や実務者すべてに呼びかけます。
  ・今後、関与してもらう可能性のある機関にも参加を呼びかけるかどうかは、状況に応じて判断します。
  ・機関が多い場合、それぞれの情報を持ち寄ると、情報共有にそれなりの時間がかかります。そういう場合には、「まずは情報のすり合わせをして足並みをそろえること」だけをカンファレンスの目的にしてもよいかもしれません。
  ・支援者の「困り感」の解消を目指したいときには、もっとも「困り感」を抱えている人が誰と話し合いたいか聞いてみましょう。その人に入ってもらい、最初は、少人数での話し合いで多機関カンファレンス・シートを使ってみるのがよいでしょう。視野が拡がり、カンファレンスの有用性が実感できるでしょう。

● 本人・家族を支援するためのカンファレンスですから、かれらの参加は原則です。かれらが「安心して話せる」ようであれば、参加を呼びかけます。
  ・本人・家族が困りごとを認識していて、かれらが「安心して話せる」と感じられそうであれば、参加してもらうことが実り豊かな話し合いをもたらすはずです。
  ・本人・家族が困りごとを認識していないのであれば、あるいはまた、専門職同士でも安心して話し合える状況になっていないのであれば、無理に参加してもらってもかれらにつらい想いをさせてしまうかもしれません。

3) ファシリテーター

● カンファレンスの調整機関が制度上、決まっている場合には、調整機関の担当者が行います。
  ・たとえば、サービス担当者会議であればケアマネジャーが、高齢者虐待事例対応なら地域包括支援センター職員もしくは行政の高齢者支援課等職員が、地域ケア会議なら地域包括支援センター職員が、要保護児童の支援であれば要保護児童対策地域協議会事務局が、調整機関です。
  ・カンファレンスの参加者の招集は、調整期間の担当者が行います。

- ファシリテーターは、できれば事例の主担当者ではない人が行うようにします。
  - 事例報告者が兼ねるような場合には、誰かにサポート役をお願いしておき、自分が発言するときのファシリテーションや記録は代わってもらうよう、あらかじめ打ち合わせしておきましょう。

4) 事例報告者との打ち合わせ

- ファシリテーターは、事例報告者が「カンファレンスを開きたい理由」、「カンファレンスで話し合いたいこと」を確認します。
  - 「なにが問題か」と考えるよりも、「その問題があることで、事例報告者自身は、どうなることを不安に思っているのか、その不安の解消に向けてどのような部分で協力してもらえるとありがたいのか」を話し合っておくとよいでしょう[※1]。
- 多機関カンファレンス・シートを使い、項目順に従って話し合う予定であることを伝えます。
  - あるていど大まかに話す内容がわかっていると安心して参加できます。
  - 事例の基本情報や支援経過については長くても10分ていど報告できるようお願いしておきましょう。
  - 可能な限り、フェイスシート等、すでに作成した資料を活用してもらい、カンファレンスのための資料作成等の負担は避けるようにします。資料はまったく用意せず、事例報告者の「記憶」だけで報告してもらうこともありえます。
  - ただし、支援経過がかなり長い場合には、プロット（あらすじ）を要領よく話せるよう、簡単なメモを準備しておいてもらうとよいかもしれません。

※1　ここは、アンティシペーション・ダイアローグというアプローチを参考にしています。このアプローチでは、多機関連携のむずかしさは、複数機関で「問題」についての話し合いをしようとすることから生じると捉えています。関わる立場によって「問題」の見え方は異なるのに、ひとつにまとめようとするからです。このむずかしさを乗り越えるために、このアプローチでは、カンファレンスを始めるとき、支援者が率直に、「いまのままでは、私が関わることに不安や懸念があるので手伝ってほしい」と呼びかけます。支援者の不安や懸念の解消に向けて話し合う関係を築けるなら、支援者同士がお互いを気遣う機会が増え、相互協力が推進されていきます。トム・アーンキル. 高橋睦子訳 (2018)。

5) 他の参加者に対する事前の依頼

●カンファレンスの目的と時間の目安を伝え、参加を依頼します。
  ・目的については「まだよくわかっていないことが多いので、少しでも情報を共有し、支援の方向性を決めたい」、「○○さんが困っているので皆さんのお知恵を借りたい」と具体的に伝えておくとよいでしょう。
  ・依頼の際に、参加に際して心配ごとや気がかりがあるかどうか聞いておくこともよいでしょう。あれば、それについても話し合う時間も必要となります。
  ・多機関カンファレンス・シートを使い、項目順に従って話し合う予定であることを伝えます。

6) 座席の配置

●全員が、記録が見えるような座席の配置を考えて下さい。
  ・ホワイトボードを使う場合は、ホワイトボードを取り囲むような形にしましょう。ファシリテーターの後ろにホワイトボードを設置してしまい、ファシリテーターが記録を見られない、ということがないようにしましょう。
  ・参加者が4, 5人ていどまでであれば、多機関カンファレンス・シートをＡ３用紙2枚にコピーして、机に置き、全員で取り囲む形にします。

7) 記録係

●事前に記録係を決めておきます。
  ・カンファレンスにおける記録は重要です。記録係を参加者のひとりに依頼するか、ファシリテーターが兼ねるかは、状況に応じて判断しましょう。

2. 開始時のファシリテーション

1) ファシリテーターとしての挨拶

●自己紹介をして挨拶をし、今日の事例報告者と記録係を紹介します。そして、本日のカンファレンスの目的を簡単に伝え、多機関カンファレンス・シート

の項目に沿って順番にひとりずつお話を伺うと伝えます。
- ・参加者のほとんどが多機関カンファレンス・シートを知らない場合、全体の説明を簡単に行っておくとよいでしょう。
- ・参加時間に制約のある人もいるかもしれませんので、自己紹介のときにその旨言ってもらうよう伝えておきます。
- ・多機関カンファレンス・シートまたはホワイトボードの記録は、コピーや写真を撮って全員に共有することも伝えましょう。
- ・個人のメモは取らないで、他の人が話をしている間は「聴く」ことに集中してほしいとお願いします。

2) 参加者の自己紹介

●「安心して話し合えるよう進めたい」と伝え、参加者に自己紹介をしてもらいましょう。
- ・アイスブレイクを取り入れるなどして、参加者がリラックスしながら自己紹介できるよう工夫することもよいでしょう。
- ・参加者全員が互いによく知っているのであれば、自己紹介を省くことはできます。

3．各パートにおけるファシリテーション

　ここから各パートにおけるファシリテーションを説明します。（　）で、セクションごとの時間を示していますが、これはあくまでも目安です。参加者数や事例の抱える「問題」の多さや深さ、支援経過の長さなどによって、かかる時間は変わります。

1) <❶導入部分>

セクション1　本日話し合いたいこと(5分ていど)
●当日の事例報告者からカンファレンスを要請した理由、つまり、本日、カンファレンスで話し合いたいことについて説明してもらいます。

- 記録係は、「本人の○○が問題」という表現よりも、「本人の○○を私が支援できるかどうか心配」というように、事例報告者の「心配」を記すようにしましょう。
- 他の参加者にも、心配していることや、今日話し合いたいと思っていることがあるかどうか確認します。
- カンファレンスの目的は「心配ごとはあるけど、みなで話し合って見通しがもてたので、まあなんとかやれるだろう」という実感を、すべての参加者が抱けることです。そのためにも、早い段階で「心配ごと」や「話したいと思っていること」を共有しておくことは欠かせません。

セクション2　ジェノグラム・エコマップ(7分ていど)
●事例報告者から事例に関する基本情報を発言してもらいます。
- 参加者は、すでに事例の基本情報を知っていると考えられますが、「聞いていなかった」という情報もあるかもしれませんので、報告してもらい確認をしましょう。
- 既存のフェイスシート等で代用する場合には、記録は省略できます。ホワイトボードの場合には、事前に書き込んでおくこともできるでしょう。
- 他の参加者にも「追加情報はありますか？」と確認して下さい。

セクション3　支援経過(7分ていど)
●まず事例報告者から、支援経過の概要を語ってもらってください。
- ここでは支援の詳細を把握するより、それぞれの機関がなにをきっかけに関わるようになったか、どのくらいの頻度で関わってきたか、という概要でかまいません。
- 次に、各参加者から補足や追加があればしてもらいます。
- 最後に、ファシリテーターから「お互いの支援の概要について質問はありますか」と確認して、次に進みます。

2) <❷利用者理解>

セクション4　本人・家族のできていること・悪くないこと(7分ていど)
●「本人・家族のできていること・悪くないこと」、つまりストレングスと言える点をあげてもらいます。思いついた人から順に話していただくのでかまいませ

ん。
- まず、本人・家族が自分自身やお互いのことを肯定的に話したことからあげてみましょう。
- その情報がなければ、本人や家族に、「できていることやよいこと」を聴いたら、なんと答えるか、確認してみましょう。
- 次いで、支援者から観て「悪くない」「このまま続けてほしい」と思っていることについてあげていきます。
- 話のスピードが速すぎて、記録係が追い付けなくなっているときは、「ちょっと待ってください」などと言って、話と記録のペースがあるていど一致するように調整しましょう。

セクション5　本人・家族の困ったこと・心配なこと（7分ていど）

● 次は、「本人・家族の困ったこと・心配なこと」つまり、「問題」や「リスク」に関する情報をあげていきます。
- 本人・家族が困っている、心配していると話していたことがあれば、最初にあげましょう。
- 次に支援者が気づいた点をあげていきます。
- 発言のあった「困りごと・心配なこと」をシートに記入したあとに、「実際に起きたこと／起きていること＝問題」、「予想される心配ごと＝リスク」と捉え、前者には「●」を、後者には「？」を、とくに差し迫った危険には「★」をつけて整理するとわかりやすくなります。
- 「実際に起こったこと（＝過去・現在のこと）」と、「予想される心配ごと（＝未来のこと）」とは別のことですから分けて考えます[※2]。

> 例・先週も、脱水で、救急車で運ばれた（実際に起きたこと）
> ・（保健師）また脱水症状になるのではないか？

[※2]　予想される心配・懸念（「予期不安」）についての対策は検討しますが、それが起きることを前提に話をするようにしません。「予期不安」をあたかも実際に起こることのように前提にすると、不安を現実にするおそれが高まります。話し合いの基盤は、あくまでも過去／現在の事実に基づくように気をつけましょう。

3) <❸支援者の関わり方分析>

セクション6　支援者のうまくいった関わり方(7分ていど)
●本人・家族を支えるために支援者がやったこと、気がかりに対して問題の発生を防ぐために支援者が取り組んできたことで、「うまくいったこと」、「悪くなかったこと」をあげてもらいます。

・「うまくいったこと」というのは、本人や家族から望ましい反応が返ってきたような関わり方です。「悪くなかったこと」というのは、本人や家族から否定的な反応はなかったという関わり方です。
・どのような小さなこと、「当たり前」と思われることであっても、取り組んできたことがわかるようにあげてもらいます。
・「うまくいった関わり方」をあげるのがむずかしいようであれば、「支援者としてどのように関わったか」「関わる上でなにを心がけたか」「本人や家族をどう支えたか」等をあげてもらいましょう。そこであがってきたことについて、「本人や家族はどう反応しましたか」と確認、本人や家族が嫌がったり怒ったりしていないのであれば、「うまくいった関わり」に記録していきます。
・具体的な言葉かけの工夫、セリフの例などがあがると、「支援者としてどのように働きかけていったらよいか」のイメージが拡がりやすくなります。
・発言内容がもっぱらサービス導入についてのことであった場合には、それはどのように関わったら可能になったのかと聴いてみましょう。

セクション7　支援者のうまくいかなかった関わり方(5分ていど)
●本人・家族を支えるために支援者がやったこと、あるいは危険や気がかりに対して問題の発生を防ぐために支援者が取り組んできたことで、「うまくいかなかった」ことをあげてもらいます。

・本人や家族が怒ったり、話し合いを嫌がるような反応をしたのなら、そのとき、どのような働きかけをしていたのか振り返ってみましょう。どういう関わり方だと「うまくいかなかった」か、こういう点にはとくに「注意すべき」と気がついたことはなにか。小さなことでも心に留めておくため、あげましょう。
・セクション6，7の話をしているうちに、「こうしてみたらよかったのに」「今度はこうしてみたらどうか」と、まだやっていないアイディアが語られること

があります。その場合には、記録係にセクション10「今後の取り組みアイディア」欄に小さくメモ書きしておいてもらい、「今後のアイディアなので、あとで再度聞かせてください」と伝えておきましょう。

4) ＜❹未来の方向性についての話合い＞
セクション8　本人・家族の望み(3分ていど)
●本人や家族は、今後についてどのような望みをもっているのか確認します。
　・まず、本人・家族が話していた望みを事例報告者や他の参加者が聞いていれば、それを教えてもらいます。本人・家族がそれを誰に伝えたのかも書いておくとよいでしょう。相手に合わせて異なる望みを話しているかもしれないからです。
　・望みの背景や理由についても聴いていれば、それも話してもらいましょう。また、「家で暮らし続けたい」といったように望みが抽象的に表現されている場合には、「たとえば、家でなにができているときに嬉しいのでしょう」などと、具体的な場面まで聞くことができると、さらに支援がしやすくなります。
　・本人の望みと家族の望みが相容れないものであっても、両方ともそのまま書き入れておきます。
　・本人や家族がなにを望んでいるのか、はっきりと聞いたことはないが、かれらの日頃の話から、また、日々関わっているヘルパーの話から、こういうことではないかなどと、支援者が推測できる場合はそれを語ってもらい、シートにはどの支援者がどのように推測しているのかを記述しておきます。
　・かれらの望みに関する情報がたくさんあるほど、支援プランを考えやすくなります。
　・関係が悪くて聴けていないとか、あまりに疲弊していて望みなど考えられないという場合には、どう働きかけたら聴かせてもらえるか、考えてもらえるかということが重要になります。

セクション9　安全像・安全到達度(15分ていど)
9-1　安全像
●まずは「安全像」についての話し合いです。本人・家族の望みと、これまで整

理してきた情報をもとに、本事例にとって、現時点で「安全で安心と言える状態」(「安全像」)は、どのような状態だと思うか、参加者にそれぞれの観点からひとりずつ具体的にイメージし、発言してもらいます。

・「安全像」とは、「理想の状態」というより、「安全で安心して暮らせているとみなが認める状態」とか、「安全で安心な暮らしのためにこれだけは外せないと言える状態」を指します。
・本人だけでなく家族も問題・ニーズを抱えている場合は、それぞれが安心・安全と言える状態を考えます。
・参加者それぞれの安全像を一致させることはしません。各機関・専門職の観点による個々の「安全像」の「集合体」を、現時点における当該事例にとっての全体的な「安全像」と捉えます。たとえば、以下のX事例の「安全像」は、地域包括の社会福祉士、ケアマネ、行政職員のそれぞれが語った安全・安心のイメージを合わせたものです。

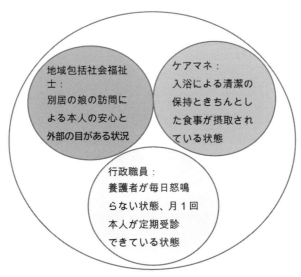

図表Ⅱ-8　X事例の安全像

- 全体の「安全像」を、現時点での当該事例の「安全像」とすることについて改めて確認します。この作業がないまま、次の安全到達度評価に移ると、参加者によってはなにを基準に評価してよいかわからないと混乱してしまうおそれがあります。
- 本人や家族の「望み」を具体的に聴くことができていないと、支援者が「安全で安心な暮らし」をイメージするのは勝手な決めつけのように思えるかもしれません。その場合には、「遠い未来」、つまり、すぐには実現できないかもしれない理想の状態を考えてみるのもよいでしょう。ただし、理想と現実の狭間で、支援者もかえって気が重くなることもあります。
- よりお勧めできるのは「最低限安心できる条件」を考えることです。本人や家族の「望み」や将来の希望を聴き取るまでの目標として、支援者が「こういうことができていればよいのではないだろうか」と思える最低限の状態を考えてみるのです。たとえば、「本人は引き続きデイサービスを週3回利用し、介護者は断酒会への参加を続ける」といった「条件」です。
- これは、あくまで支援者主体で考えた「条件」ですから、こうした条件の実現を目指した関わりを続けながら、本人や家族の望んでいる状態について聴くよう心がけます。

9-2 安全到達度

● みなで確認した全体的な「安全像」を10点、「直ちに強制介入すべきと考える状況」を0点とすると、現在はどの辺りにいると思うか、参加者一人ひとりに点数をつけてもらいます※3。その際、点数をそろえる必要はないことを伝えます。

- 虐待ではないがグレーゾーンと考えられる事例や、その他の「支援困難事例」の場合には、0点は、本事例で考え得る「最悪の状況」と捉えることができます。
- 本人・家族のストレングスや支援者の関わり等の情報を踏まえて、加点法で

※3　現状について、安心づくり安全探しアプローチ（AAA）の基本情報整理シートのひとつである「危害リスク確認シート」を利用して、そのシートに「デインジャーステイトメント」を書いていれば、それを意識して評価してもらうことも可能でしょう。シートについてはAAAのウェブサイトを参照してください。http://www.elderabuse-aaa.com/AAA.html

評価する人もいます。他方、望ましい状態に対してどれくらい届いていないか考えて、減点法で評価する人もいます。支援者の疲弊感や焦燥感が点数の違いをもたらすこともあるでしょう。それぞれの見方の違いを数値によって理解し共有することができることで、「参加者一人ひとりの想いを共有する」ことができます。

●点数は、バラバラであることに意味があります。「なにがあるからその点数ですか」と判断の理由（根拠）も話してもらいます。
- 自分と異なる点数であれば、人はその理由をよく聴こうとします。聴きながら他の人の視点や考え方を学ぶ、自分の点数の理由をよく考える、自分の意見を再考するといった可能性があります。これが、互いの「違い」を大切にして「チームの力」で支援をしていくことを目指すカンファレンスのよい点です。
- また、これにより、互いの考え方や観点の違いなどを知ることができ、参加者相互の理解が深まります。
- なお、安全到達度の評価を点数で表しにくいようであれば、10点から0点というスケールの代わりに、「青・黄・赤」の信号機を用いる方法もあります。AAA研究会では、この信号機を表示したシートのファイルも用意しています[※4]。

5）＜❺今後の取り組みと見通しの確認＞

セクション10　今後の取り組みアイディア（7分ていど）

●それぞれが出した安全到達度を1点でもあげるためには、どうしたらよいか、なにができるか、参加者それぞれにアイディアをあげてもらいます。まず、「今やっていることで、今後も続けようと思うこと」を出してもらいます。
●次に、今はまだやっていないけれども、「今後、やってみたいこと、できたらよいと思うこと」を考えて発言してもらいます。
- グループで重要で、かつ、むずかしい決定を行うときには、個人として決定を行うときよりも責任が分散されやすく、結果として危険な選択をしてしま

※4　AAAのウェブサイトの「AAAのご紹介」というウェブページにアップしてあります。

うおそれがあります。「見守り」という名で事実上「なにもしない」ことを決めるというのがその典型例です[※5]。
- こうしたことが起きないように、なかなか発言が出ないようであれば、「なにもしなければどうなるだろうか？」とか、「今までとちょっと違うやり方にはどのようなことがあるだろうか？」と聞いてみましょう。
- 「見守り」を決めるならば、「誰が、どのように、いつまで見守るか」などと、具体的な方策まで決めます。

セクション11　見通し（5分ていど）

● 「今やっていることで、今後も続けようと思うこと」のリストについて、やったらどうなるか、と現実的な見通しを考えてもらいます。
- 主担当者の負担が増えるアイディアばかりがあげられるときもあります。そういうときは、「止めたらどうなるか」を考えてみることも大切です。止めても大きな影響がないと考えられる場合は、止めたり頻度を減らしたりする決断も大事です。

● 新しいアイディアについては、「本当にできそうか」と話し合うことが大切です。
- 「やれそうですか」と聞くことによって、「実際には○○ができていないとむずかしい」とか、「ひとりでは困難」といった担当者の懸念や不安が表明しやすくなります。
- 不安や懸念が表明されたら、参加者のみんなでアイディアを考え直したり、具体的に担当者をどう支えることができるかを検討します。
- これをしないで次に移ると、担当者の心に「やっぱりむずかしい」とか、「こうやってみて、こうなったらどうしよう」といった不安が残ってしまうでしょう。また、カンファレンス終了後に、そうした気持ちがこっそり吐露されたりします。いずれの場合も、これでは、話し合ったプランが実施されるかどうかわからなくなってきます。
- 「見通し」を尋ねることで、新しいアイディアをよく吟味し、実施できる現実的なプランを考えることが可能になります。

[※5] グループの意思決定における課題については以下を参照しました。Galpin, D. & Hughes, D.(2011:156)

セクション12　現時点でのプラン(5分ていど)

●現時点でのプランとして「誰が、いつまでに、なにをやるか」を確認します。
　・参加者すべてになんらかの役割があるようにしましょう。
　・時間がない場合には、セクション10や11のリストに印をつけて、誰がいつやるかわかるように書き込んでもよいでしょう。

●それから、モニタリングのためのミーティングやケースカンファレンスの実施日を決め、ケースカンファレンスを終了します。
　・モニタリングをこまめに行う必要があるケースの場合には、早いうちに次回のカンファレンスを行うよう、日時を設定することが望まれます。
　・具体的な日時を決めなくても大丈夫と考えられるケースの場合には、なにが起きたら集まる、という目安を話し合っておきましょう。
　・次がいつ開かれるのか、どのような条件があれば開かれるのか、わかっているだけでも支援者の安心感につながります。また、決めておくことは、そのときまで支援後のモニタリングをしっかり行おうという動機づけにもなります。

Ⅲ

AAA多機関ケースカンファレンスの実際

① カンファレンス事例から学ぶ

　実際の複合問題事例に関して、多機関カンファレンス・シートを用いたケースカンファレンスを実施すると、カンファレンスはどのように進行するのでしょうか。ここでは、13のAAA多機関ケースカンファレンス事例を紹介したいと思います。

　これらのケースカンファレンス事例は、Ⅳ部で報告するインタビュー調査協力者のうちの9名の方が、私たちの依頼に応じて執筆したものです[※1]。執筆にあたっては、本シートに沿って記述したモデル事例を提示するとともに、個人情報およびプライバシーの保護に十分配慮し、カンファレンスの流れを変えない範囲での加工を依頼しています。各事例の本文中のゴチックで表した部分は、ファシリテーターとしてどのようにカンファレンスを進めたか、という点を示しています。それ以外の部分はカンファレンスで出された情報や参加者の意見、話し合われた内容等です。最後にファシリテーターとしての留意点と感想を記述していただきました。

※1　9名のうちの3名が2事例を提供してくれました。なお、このインタビュー調査では、ファシリテーター以外の参加者にもお話を伺っています。

各ケースカンファレンス事例の最後には、私たちのうちインタビュー調査を行った者が、ポイント解説をつけました。主に、カンファレンスがその目的を達成することができた理由として考えられる点についての解説です。そのなかにはインタビュー調査で聞いた話も引用しています。
　これらの事例から、ファシリテーションの実際のやり方や多機関カンファレンス・シートの柔軟な活用方法、多機関カンファレンス・シートの有用性等を理解していただければと思います。事例2と事例8は逐語録ふうにまとめてあります。具体的なファシリテーションの例として参考にしてください。

② AAA多機関ケースカンファレンス事例

事例No.1
ケアマネジャーが苦慮する息子による高齢者虐待：地域包括中心に対応策を検討

【ケースカンファレンス実施日時、場所】
2018年○月○日　15:00～16:00　委託型地域包括支援センター会議室

【参加者】
ファシリテーター兼記録係：●委託型地域包括支援センターF主任ケアマネジャー
事例報告者：●居宅介護支援事業所Gケアマネジャー
参加者：●訪問介護事業所H管理者、市役所Iケースワーカー、保健所J保健師
計5人　　（●は、ケース関与者）

【目的】
　身体的虐待および精神的虐待が疑われる事例について、担当ケアマネジャーから対応に苦慮しているという相談が、委託型地域包括支援センター（以下、地域包括）の主任ケアマネジャーに入った。地域包括のほうで対応策を検討すべく、カンファレンスを実施することとした。

【ケースカンファレンスの実際】

1　本日話し合いたいこと（心配ごと・困っていること）

　ファシリテーターであるF主任ケアマネから、Gケアマネジャーに今困っていることについて、話をしてもらった。

　Zさん（男性、83歳、要介護1）は、一人暮らしで、近隣に2人の子（長男、長女）がいるが、1か月ほど前から、長男から電話で罵声をあびせられるようになり、3日前には長男に殴られたと、Zさんからケアマネジャーに電話があった。長男は精神的に不安定なようで、ケアマネジャーに頻回に電話をよこすようになり、その都度、Zさんの批判をしており、どのように対応したらよいか悩んでいる。

2　ジェノグラム・エコマップ

　市役所と保健所以外の関係者は、Zさんと直接関わりがあり、家族状況を把握していた。また、市役所のケースワーカーと保健所の保健師には、地域包括より随時状況を報告していた。みな、おおよその状況は把握できていたので、ジェノグラムについては、ファシリテーターのほうで、あらかじめカンファレンスシートに書き込んでおき、簡単に確認することにとどめた。
　ケアマネのGさんによると、もともとZさんは、長女のほうをかわいがる傾向があり、長男は自分が主に世話をしているのに感謝もされないとZさんに対し不満が募っているとのことである。

3　支援経過

　支援経過について、Gケアマネジャーに簡単に説明してもらった。

　1か月ほど前、ホームヘルパーがZさんを援助中に、長男からZさんに電話が入り、Zさんが罵声をあびせられているようだ、とケアマネジャーに連絡があった。そのころより、ケアマネジャーの事業所にも長男から電話が頻繁に入るようになり、Zさんに対する不満を延々と訴えることが多くなった。
　3日前には、Zさんからケアマネジャーに電話があり、長男から殴られたと話すので訪問したところ、右肩に薄いあざを確認できたが、直近のものかどうか

はわからなかった。

4　本人・家族のできていること・悪くないこと

　Zさん本人や家族のできていることや悪くないことを整理した。参加者からは、次のようなことがあげられた。

＜Zさん＞
・軽い認知症はあるが、記憶が残るところをもある。
・電話ができる。
・家事はあるていどはできる。
・味噌汁等、簡単な調理ができる。
・排泄は自立している。
・週1回のデイサービスは休まず参加している。他の利用者からの受けもよい。
・比較的倹約家で、お金の無駄使いはない。

＜長男さん＞
・Zさんを心配する気持ちはある。
・区役所などの手続きを手伝っている。
・ペットボトル、牛乳などの重い買い物を引き受けている。

＜長女さん＞
・Zさんの通院の同行をしてくれる。
・通院のついでに買い物をしている。
・毎朝、Zさんに安否確認の電話を入れている。

5　本人・家族の困ったこと・心配なこと

　次に、Zさんや家族について心配なこと、困っていることをあげてもらった。

＜Zさん＞
・認知症状がやや進行傾向にあり、少しずつ記憶力が低下している。
・通帳や保険証をなくすことがある（そのたびに長男が一緒に手続きする）。
・サービスを増やすことには難色を示す（倹約家で利用料を気にしている）。

・部屋に荷物が多く、衛生状態は決してよくない。
・掃除のやり方のこだわりが強く、冷蔵庫の管理支援にも難色を示す。
・座布団で寝ている。
＜長男さん＞
・気分に大きな波がある。
・精神的に不安定なときは、Ｚさんを言葉でののしることがある。
・同じことを繰り返し訴え続ける。
・Ｚさんが言うことを聞かないという理由で、警察を呼んだことがあった。
・騒音を理由に近所に苦情を言い、トラブルになっている。警察沙汰もあった。
・就労状況ははっきりとはわからない。
＜長女さん＞
・長男と不仲である。
・夫と共働きで小さい子どももおり、積極的な協力はむずかしい。

6 支援者のうまくいった関わり方

　今度は、ケアマネジャーやホームヘルプ、デイサービスで、うまくいった関わり、悪くなかった関わり、これからもやっていったらよいと思えるような関わりをあげてもらった。

＜Ｚさんへの関わり方＞
・ケアマネジャーはやさしく話しかけるなどしていて関係はよく、なにかあれば、Ｚさんが電話をかけてくる。
・サービス利用に難色を示すＺさんを、ケアマネジャーは根気よく何度も話をして説得し、ホームヘルパーを週１回から週２回に増やす方向で、Ｚさんの承諾にこぎつけた。
・ホームヘルパーは理由をていねいに説明するなどして、冷蔵庫の一番下の段は開けさせてもらえるようになった。
・デイサービスは気に入っている。
＜長男さんへの関わり方＞
・ケアマネジャーが受容的に接しており、長男は電話で話し終えるとすっきりし

たと言って電話を切ることが多い。
- ケアマネジャーが、ホームヘルパーが増える方向と報告したら、安心できると喜んでいた。

＜長女さんへの関わり方＞
- ケアマネジャーが長男との間に入り、長男に代わって長女に通院の付き添いを依頼したところ、長男の負担になっていた通院同行を代わりにしてくれるようになった。

7　支援者のうまくいかなかった関わり方

うまくいかなかった関わり方について、あげてもらった。

＜Ｚさんへの関わり方＞
- ホームヘルパーは掃除がしたいが、なかなかさせてもらえない。
- ヘルパーが「部屋をきれいにしたほうが健康によいですよ」と言ったりしても聞いてくれない。
- 期限切れの食品があると思われる冷蔵庫の上段の状態にヘルパーとしては不安があるが、いろいろな形で話をもっていっても開けさせてもらえない。
- ケアマネジャーは、「気持ちよく眠れますよ」などと、敷き布団の購入を勧めているが同意しない。

8　本人・家族の望み

Ｇケアマネジャーが、本人や家族の望み、気持ちを教えてくれた。

＜Ｚさん＞
施設入所は望まない、自由に生活したい、と話している。デイサービスを楽しみにしている。

＜長男さん＞
体調不良があり、Ｚさんの世話から身を引きたいと思っているが、Ｚさんについて心配が尽きない。Ｚさんが在宅希望とわかっているが、できればＺさんを入所させたいと思っている。Ｚさんの認知症が治らないことはわかっているが、よく

なってほしいとも思っている。本当は、Zさんと仲よくしたい、こんなに心配して、世話をしている自分の気持ちをわかってほしいと言っている。
サービスが増えることは、安心できるし、ありがたい。
＜長女さん＞
デイサービスを週2回にして、もう1回入浴をさせたい。
長男はZさんにもっとおだやかに接してほしい。

9　安全像と安全到達度

　これまで出された情報と、ご本人たちの望みをもとに、Zさんが現時点で安心して安全に暮らせる状態はどのような状態かをイメージしてもらうため、参加者一人ひとりに「Zさんの生活がどのような状態なら、皆さんが安心してみていられますか」と聞いた。

Gケアマネジャー:長男のメンタルが安定していること。
訪問介護事業所H管理者:ヘルパーの立場から古いものを食べないようしてもらいたいので、冷蔵庫をすべてチェックできる状態。
Iケースワーカー:デイサービスをもう1日増やし、入浴もできれば、身体状態などチェックでき、虐待の発見がよりしやすくなる。
J保健師:長男が精神科等に定期的に受診し、服薬もでき、メンタル面の波が落ち着いていること。
ファシリテーターのF:長男の暴言や暴力のリスクが下がること。

　次に、「今、みなさんにあげていただいた安全・安心の状態像をすべて網羅したものを10点満点とし、危険で即、介入が必要な状態を0点とした場合、みなさんは、今のZさんの状態を何点としますか、みなさんバラバラでかまわないので、その点数を教えてください。その理由も教えてください。」と聞いた。

Gケアマネジャー:6点。暴言、暴力の不安はあるが、ホームヘルパーがもう1回入ることで長男も安心できると言っていたから、安心要素が少し増えた。
H管理者:7点。ホームヘルパーとして、少しずつだが支援の幅が広がってきてい

る。
Ｉケースワーカー:5点。全身状態を見ることができるのが週1回なので、少し不安がある。
Ｊ保健師:5点。長男の精神科の受診がまだちゃんとできていないと思われるため、不安定傾向になりやすい状態は変わらない。
Ｆ主任ケアマネジャー:7点。週3回はサービスが入ることになるので、Ｚさんの状態については少し把握しやすくなると思われる。

10　今後の取り組みアイディア

あげてもらった現時点での安全度の点数を1点でも上げるためにはどうしたらよいか、「今やっていることで、これからも続けたほうがよいと思うこと」、「この後、新たにやってみたいこと、できたらよいこと」を分けて話してもらった。

「今やっていることで、これからも続けようと思うこと」
・地域包括が中心となった関係機関間での情報共有。
・ケアマネジャーによる長男の想いへの傾聴。
・デイサービス週1回と、ホームヘルパーを週1回から2回にした状態でのサービス体制の維持。
・ホームヘルパーによる部屋の衛生状態の改善と冷蔵庫のチェック等を可能にするためのアプローチの継続。
・デイサービスの入浴時に全体状態をチェック。

「この後、やってみたいこと、できたらよいと思うこと」
・ケアマネジャーが長男の想いを傾聴することを通して、保健所の保健師を紹介し、メンタルヘルスの相談につなげる。できれば精神科の受診につなげる。
・ケアマネジャーに長男から連絡があった際など、サービスが順調に入っていることを積極的に伝え、安心感をもてるようにする。また、長男がＺさんの手助けをよくやっていることを、言葉にしてプラスの評価をしっかりと伝えていく。
・ホームヘルパーからも、Ｚさんに対し、デイサービスをもう1回、入浴ももう1回利用したほうが健康維持のためにもよいと、折を見ながら勧めてもらう。
・Ｚさんから暴力を受けたという相談があったり、デイやヘルパーが明らかな怪

我を認めた場合には、即、市役所、包括、ケアマネジャーに連絡し、みなで情報を集め、対応策を協議する。

11　見通し

「今やっていることで、これからも続けようと思うこと」としてあげられたものについては、みなさんやっていけるということであった。「この後、新たにやってみたいこと、できたらよいこと」としてあげられたものについても、対応は可能ではないかということだった。

長男の精神状態が急激に悪化し、危険なレベルの暴力が発生した場合、分離を検討する必要があるが、長女宅を避難先として位置付けられるか、事前に長女に確認しておく必要もあるとの意見が出た。状況を見ながら今後、検討していくこととした。

12　現時点でのプラン

今後の方針について明確な案が出たので、これらを再度確認してカンファレンスを終了した。

【ファシリテーターとしての留意点】

参加時間が限られている参加者もいるため、あらかじめ参加可能な時間を一人ひとりに確認するようにした。

とても頑張っていてよくやっているケアマネジャーだったので、「本当によくやっていらっしゃいますね」と繰り返し伝え、しっかりコンプリメントするように心がけた。

項目ごとに話し合い、意見が出なくなったら次の項目に進むが、あとで思いついたことがあったら、遠慮なく話してほしいと伝え、意見が出やすいように配慮をした。

【ファシリテーターとしての感想】

カンファレンスの冒頭で、参加者から出た意見に対して批判も否定もしないことを伝えた。実際に批判も否定もないことで、カンファレンスが和やかに進むことがよく分かった。また、批判や否定がないと、参加者が素直な気持ちになりやすく、助言も受け入れやすくなるということを手応えとして感じ取ることができ

た。
　シートに沿って進めるため、話があちこちに飛ばず、ちゃんとまとまる。これまでのカンファレンスと比較し、時間短縮につながることがわかった。また、結論が明確に出るため、カンファレンス終了後の充実感もより高いということが確認できた。
　ケースカンファレンス後すぐに、Gケアマネジャーとヘルパーさんが Z さんにデイサービスの追加利用についてていねいに話して説得したところ、Z さんが了承し、週2回の利用となった。そのことを長男も「安心した」と喜び、落ち着きを取り戻したようで、Z さんへの暴言やケアマネジャーへの頻繁な電話もおさまっている。

　父親の世話をしている精神的に不安定な息子さんにどう対応していけばよいか。その対応策を探ることがケースカンファレンスの目的でした。みなで確認したプランを実施することで、Z さんや長男さんたちにとって当面の悪くない状態がもたらされています。この成功を可能にしたポイントのひとつは、悩むケアマネジャーの不安が軽減されるとともに安心感や対処可能感が得られたこと、もうひとつは、情報共有により全体像が理解できたということではないでしょうか。
　参加者のひとりは、情報共有によってそれまで見えていなかった当事者の生活状況がわかっただけでなく、「本人・家族が関係機関に見せている態度の違いもわかった。同じことをやるにもどこがやったらよいか、役割分担がはっきりしてきた」と述べています。以下では、最初のポイントについて述べます。

不安の軽減、安心感・対処可能感の獲得
　ケアマネジャーの G さんは、長男さんからの頻繁な電話への対応に悩まされるとともに、Z さんへの虐待のリスクについて大きな不安があったと想像されます。その不安の軽減に役立ったのは、安全到達度評価でした。市役所のケースワーカーさんや保健師さんは5点でしたが、ファシリテーターの F さんと H 管理者が7点であったことで、「虐待について不安が強かったが、みなさんの安全ラインの判断がついたので、だいぶ不安が減った」そうです。
　また、Z さんや長男さんの望んでいることや気持ちについて話したことを踏ま

えて、みなで取り組みアイディアを出し合った際、アイディアが役割分担を伴って出されたことで、「みんなでできるという感覚がもて、それが安心感につながった。カンファレンスの前は、情報を伝えるだけという感じだったが、やってみたあとは、みんなでやるという安心ができた」と言っています。

ファシリテーターのFさんは、「本人や家族のできていることを、また、支援者のできていることを確認していくことで、深刻にならずに明るい雰囲気で話していくことができ、やっていけそうだという雰囲気になる。」と語っていますが、こうした雰囲気が、安全到達度評価や取り組みアイディアの話合いにも影響し、担当のケアマネジャーはもちろん、他の参加者の不安の軽減や安心感の醸成に役立っていると思われます。

「もしも」を考えれば不安が高じてしまう虐待事例への対応にあたって、なんとかやっていけるかもしれないという対処可能感と、みんなが役割分担をしてやってくれるといったチーム意識をもてることは、支援者のメンタルヘルスにとって大変重要なことです。支援者が安心感をもててこそ、利用者や家族にとって必要で適切な支援を提供していくことができるはずです。

事例No.2
精神科受診につながらないと支援者が苦慮する高齢女性:今後の対応策の検討

【ケースカンファレンス実施日時、場所】
【2018年○月○日15:00〜16:00、市役所内会議室

【参加者】
ファシリテーター:保健所Aソーシャルワーカー(精神保健福祉士)
記録係:●地域包括支援センターB保健師
事例報告者:●地域包括支援センターCソーシャルワーカー(社会福祉士)
参加者:●保健所Dソーシャルワーカー(社会福祉士)、市役所E保健師、F保健師
計6人　　(●は、ケース関与者)

ホワイトボード活用のカンファレンス図

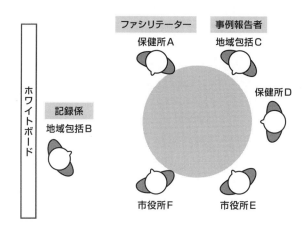

【目的】
　地域包括に、利用者本人から「隣室の住民が音をたてるため、うるさくて休むことができない」との苦情があり、地域包括のソーシャルワーカーと市の保健師が関わってきた。だが、騒音は本人の精神保健の問題に原因があると、地域包括

と市は判断し、関わっているものの受診につながらず困っている、どうしたらよいかと、地域包括のソーシャルワーカーから保健所に話があった。そこで、保健所のソーシャルワーカーは、今後の対応をみなで考えるために、カンファレンスを開催することにした。

【ケースカンファレンスの実際】

1 本日話し合いたいこと（心配ごと・困っていること）

ファシリテーター（以下ファ）：それでは、これよりカンファレンスを始めたいと思います。まずは、事例報告者のCさんより、話し合いたい心配ごと・困っていることについてお話をいただけますか？

Cソーシャルワーカー（以下C）：はい。事例は70代の女性、花子さん（仮名）。夫婦二人暮らしです。日中、夫は仕事に出ており、花子さんがひとりになります。1年前より、昼夜問わず隣室の住民が音をたてるため、うるさくて休むことができないとの苦情を市役所等に訴えていますが、隣室の住民が音を立てていることは確認できませんでした。その後も訴えは続きました。最近は、隣室以外に上の部屋からも音を立てられると訴えるようになり、今後、なにか問題に発展しないか心配です。

ファ：問題というのは、具体的にはどのようなことでしょうか？

C：これまで、直接相手に苦情を言うようなことはありませんでしたが、今後、直接相手に言い、トラブルに発展しないか、心配です。

ファ：ありがとうございます。他に、花子さんに関わっている方はいますか？　保健所のDさんですね。花子さんについて話し合いたい心配なこと・困っていることはありますか？

Dソーシャルワーカー（以下D）：：Cさんと同じで、これまでの苦情の対象であった隣室の住民は、交代制の仕事をしているようで、日中ほとんど部屋におらず、花子さんが会うことはありませんでしたが、今度、苦情の対象になった上の部屋の住民は、子どもとお父さん、お母さんの三人暮らしで、日中は子どもとお母さんがおり、花子さんが直接苦情を言いに行ってしまわないか、心配です。

ファ：他に、花子さんと関わりのある方はいますか？　Eさんもそうですか？

E保健師(以下E):はい。最初に地域包括のCさんから話をいただき、一緒に訪問しています。

ファ:Eさん、花子さんについて話し合いたい心配なこと・困っていることはありますか?

E:今回の件の前にも同じようなことがあり、そのときは夫の説得で精神科に行き、1年ほど通っていましたが、その後は通院をしていません。受診をしないとダメだと思うので、どうすれば受診につなげられるのか、話し合いたいです。

ファ:受診をしないとダメというのをもう少し説明していただいてもよいですか?

E:受診をすれば、苦情を訴えることはないと思います。まずは、受診をさせたいです。

2 ジェノグラム・エコマップ

ファ:そうですか。そのことについては、カンファレンスを通して、話していきましょう。
それでは、花子さんについてジェノグラムやエコマップなど、Cさんのほうから少し説明をしていただいていいですか?

C:はい。花子さんの夫は同じ70代です。長く工場に勤め、60歳で定年退職した後は、駅前の駐輪置き場でアルバイトをしています。花子さんはC校卒業後、お見合いで夫と知り合い、結婚し、その後は専業主婦をしています。お子さんはいません。花子さんと夫には共に兄弟がいるようですが、県外でここ10年以上まったく連絡を取り合っていません。花子さんに関わっているのは地域包括、市の保健師、保健所の保健師以外はいません。元々は○○町で生活をしていましたが、借金があり、持家を手放し、3年前より現在のアパートに住んでいます。近隣との付き合いはありません。

ファ:ありがとうございます。CさんやEさんのほうで追加の情報はありますか?

E:民生委員さんに話を聞きましたが、花子さんの家のことは知りませんでした。以前、住んでいた所では地区の集まりにも参加をし、近所づきあいもよくする人だったようですが、現在は地区の集まりに参加することもなく、1年前に市役所

に苦情を訴えて来られたときに初めて花子さんの家族のことを知りました。
ファ:他にありますか?
C:夫は駐輪場の仕事で、朝早く出て、夕方には帰ってきます。夫にも騒音の苦情を訴えるようですが、夫はこれまで何度も花子さんから同様の話を聞いていて、辟易しています。

3　支援経過

ファ:ありがとうございます。では、次に支援経過について、説明していただいてもよいですか?
C:はい。先程もお話をしましたが、1年前に花子さんが市役所に、隣室の住民が音を立てるため、うるさくて休むことができないと苦情を市役所に電話を入れたのが始まりになります。年齢が65歳を超えていたため、地域包括に連絡が入り、私と市の保健師のEさんと訪問することになりました。
花子さんは「隣室の住民の足音や物音がひどく、夜も眠ることができない」と話しましたが、訪問時、音が聞こえなかったため、そのことを花子さんに聞くと、「人が来るとわかっていて、音を立てない」と話していました。民生委員さんに話を聞くと、「隣室の住民は一人暮らしで、交代制の仕事をしており、夜も同じ時間に帰ってくることはなく、音を立てるようなことはないと思う」という話がありました。
ご主人に連絡を取ると、「うるさいと言うようになった3年前に精神科に行き、その後1年ぐらいは通っていたが、その後、本人が大丈夫だと言い出し、行かなくなった。いくら言っても、行かないから、ダメだと思う」との話がありました。
市と地域包括で話し合いの機会を持ち、改めて精神科につなぐ必要があるとの方針を立て、半年前に市より保健所へ連絡を入れました。それで保健所のCさんにも関わってもらうようになりました。その後は、月に1～2回のペースで主に私とCさんで訪問しています。花子さんは「自分は正常であり、病院に行く必要はない」と話しており、精神科受診を拒否しています。
訴えの中心は隣室住民の騒音でしたが、ここ1か月ほど前から上の階の住民が音を立てて、うるさいとの話が加わるようになりました。
ファ:ありがとうございます。経過について、Cさんの方からはいかがですか?

C:ご主人とは電話で2度ほど連絡を取った以外は、直接会って話をしたことはありません。私たちとご主人が話をすることを花子さんが拒否しています。
ファ:ありがとうございます。Eさんのほうからはいかがですか?
E:精神科を受診したときの診断名は不明です。ただ、花子さんが不眠を訴えていたので、寝る前に薬が出ていたようです。
ファ:ありがとうございます。他の方で何か聞きたいことがあれば教えて下さい。花子さんの外見、見た目はどんな感じですか?
C:体型は小柄でやや小太りです。髪は長くなく、眼鏡をかけています。育ちがよいのか、私たちが訪問すると必ずお茶を入れてくれ、礼儀正しい人です。

4　本人・家族のできていること・悪くないこと

ファ:ありがとうございます。
次に、花子さん、夫のできていること、悪くないことはいかがですか?
C:訪問を拒否されることはありません。訪問時も声を荒げることもなく、お話をしてくれます。家事もきちんとされており、夫のお昼のお弁当を作っています。
ファ:ご主人についてはどうですか?
C:仕事は休まず、行っています。この頃は同じ話で嫌なことも多いと思いますが、とくに花子さんに怒るとか、当たるようなことはありません。
ファ:他はいかがですか?
E:花子さんは最初の訪問時から、私たちの訪問を拒否することはありません。訪問時も身なりを綺麗にされており、部屋も綺麗に掃除をされています。私たちが行くと、お茶を必ずいれてくれます。相手に対して、気づかいができる人なのだなと思います。
ファ:他はいかがですか?
C:音がうるさいとは言うものの、夜にご主人に言うことはなく、ご主人が仕事から帰ってきた後に「今日もうるさかった」と言うようです。夜にご主人に言ってしまうと、翌日の仕事に支障が出てはいけないと気を遣っているのではないかなと思います。
ファ:他はいかがですか?
F保健師(以下F):ここの家庭は経済的にはどうなっていますか?

C:以前は借金がありましたが、今は返済されています。花子さんと夫の年金、夫のアルバイトの収入で今の生活を維持することはできています。
F:花子さんとご主人の健康状態はどうですか?
C:花子さんとご主人はともに血圧が高く、内科のクリニックで薬をもらっています。それ以外はとくに問題はないと思います。

5　本人・家族の困ったこと・心配なこと

ファ:ありがとうございます。
では、逆に花子さん、ご主人の困ったこと・心配なことはいかがですか?
C:やはり、隣室の住民は、仮に花子さんが苦情を訴えたとしても、日中いないのでよかったのですが、上の階の住民は小さな子どもと両親の世帯なので、日中は子どもと母親がおり、直接訴えに行かないか、心配です。
ファ:花子さんはこれまで苦情を直接相手に訴えるということはありましたか?
C:ないと思います。
ファ:他はいかがですか?
C:今回のことでご主人とは電話で話をしました。ただ、直接会って話ができていません。花子さんが嫌がっているので、それを押し切って会ってもよいのか悩みます。
ファ:花子さんは嫌な理由を話されますか?
C:夫に迷惑をかけたくないと話します。
E:夫に気を遣っているという所もあると思いますが、3年前に苦情を言うようになったときに夫の説得を受け、精神科に行っています。また夫と話をしたら、精神科という話になるような気がして、それを嫌がっているのではないかと思います。
ファ:そのような話を花子さんはしていますか?
E:「私は本当に音が聞こえるのに、夫は、それはお前の妄想だと言う。私は病気ではないのに」と話していました。
ファ:他はいかがですか?
F:花子さんの家に関わってくれる人はいるのですか?
今はご主人がいますが、ご主人に何かあったら、誰か関わってくれる人はいま

すか？
C：以前、持ち家にいたときは近所付き合いも、花子さん自身が積極的にしていて、関わってくれそうな人もいたようですが、今のアパートに引っ越して以降は近所と付き合うこともなく、親戚とも疎遠です。関わってくれそうな人はいないと思います。

6　支援者のうまくいった関わり方

ファ：ありがとうございます。次に、支援者のうまくいった関わり方はいかがですか？
C：関わり始めた最初のころは、訪問時に騒音の話を延々とされていましたが、回数を重ねるなかで花子さん自身が以前されていたことについて話を聞くと、よく話をしてくれ、そのときは騒音の話がほとんどありませんでした。
ファ：花子さんはどのようなことをされていたのですか？
C：花子さんはずっと専業主婦で働いた経験はありませんが、持ち家に住んでいたときに家のことをいろいろやっているときが楽しかったと話していました。家の敷地内には庭があり、そこで花を育てたりしていたそうです。自治会にも入っており、近所付き合いも熱心にしていて、人の役に立てるのが嬉しいと話していました。
ファ：他はいかがですか？
C：ご主人のことが心配のようです。ご主人のことを聞くと、「もう年だけど、家のために働いてくれている。血圧が高いから私は心配だけど、主人は大丈夫だと言って、私のうことを聞かないの」と話していました。ご主人のことを聞いているときも、騒音の話はないですね。

7　支援者のうまくいかなかった関わり方

ファ：ありがとうございます。次に、支援者のうまくいかなった関わり方はいかがですか？
C：苦情の話を最初に聞いたとき、早く精神科につながないといけないと思い、花子さんに精神科に行くことを話したときは、「私は病気ではありません」と強い口調で言われてしまいました。

ファ:他はいかがですか?
E:音の話をされるのですが、私には音が聞こえないので、そのことを花子さんに伝えたときは、「みなさんが来るのをわかっているから音を立てない」と言われました。であれば、音がすることを録音したらどうですかと聞いたら、「音が聞こえていると言っているのに、私を信用していないのですか」と言われました。
ファ:他はいかがですか?
C:ご主人と一緒に話をしましょうと言ったときも、花子さんが「主人は関係ありません」と大きな声で言われました。

8 本人・家族の望み

ファ:ありがとうございます。次に、花子さん、ご主人の望みはいかがですか?
C:花子さんは、元の持ち家に戻りたい。あと、人の役に立ちたいと話しています。
ファ:ご主人はどうですか?
C:ご主人はお互いの年齢も考え、今の生活を維持できればよいと話しています。ただ、仕事でご主人は日中いないので、日中どこかに花子さんが行ってくれればよいとも話していました。

9 安全像と安全到達度

ファ:ありがとうございます。次に、安全像について話を進めたいと思います。まあまあよいと思える安全像はどのようなものですか?
C:花子さんが人の役に立てるようなことができ、ご主人との今の生活が維持できる状態ですかね。
ファ:他にはいかがですか?
C:元々、近所付き合いもしてきた人なので、日中ボランティアでもよいのでどこかに通い、人の役に立てる機会が持てると良いと思います。
ファ:他にはいかがですか?
E:騒音が聞こえて困ったと感じたときに、どこかに逃げ込めるとよいと思います。
ファ:ありがとうございます。次に、安全到達度ということで、介入が必要な状態を0点、安全・安心な状態を10点とした場合、何点をつけますか? 点数とその

点数をつけた理由を教えて下さい。

C：7点です。理由は、騒音を訴えることはあるけど、私たちの訪問を拒否することはない。あと、花子さんにボランティアの話をしてみたら、動いてくれそうな気もする。ただ、ご主人と一緒に話をしたいけれど、それができていないのでその分がマイナスです。

ファ：ありがとうございます。他の方はいかがですか？

C：8点です。最初は騒音の話ばかりだったけれど、最近はご自身の話をよくしてくれるようになった。花子さん自身は人の役に立ちたいとの希望を持っているので、それに沿っていけばよいと思いました。ただ、まだ具体的なことができていないので、その分がマイナスです。

ファ：他の方はいかがですか？

D：5点です。理由は確かに花子さんが希望を話すようになったものの、騒音のリスクは残っているので、どちらとも言えない5点をつけました。

ファ：他の方はいかがですか？

E：6点です。騒音のリスクがあるので、高い点数はつけることができないと思いました。
ただ、話を聞いていると、今後うまく展開していきそうな感じがするので、プラス1点をつけました。

ファ：他の方はいかがですか？

F：8点です。騒音のリスクはありますが、これまで実際に花子さんが直接相手に訴えたことはなく、元々礼儀正しい、しっかりした人のように感じます。これからの関わり方次第で状況がよくなっていく感じがするので、8点にしました。

10　今後の取り組みアイディア

ファ：ありがとうございます。今後の取り組み・アイディアについては、これまでの話のなかにもたくさん出てきたようにも感じます。いかがですか？

C：地域包括と花子さんが住んでいるアパートは歩いていける距離なので、来週の訪問時に花子さんには、騒音がしたら地域包括に来てもよいと伝えたいと思います。あと、地域包括の建物内にはボランティアセンターが併設されているので、花子さんと一緒に行き、ボランティアについて話を進めてみようと思います。

11　見通し

ファ：ありがとうございます。他にいかがですか？　ご主人との話し合いといったことも出ていましたが、その辺はいかがですか？　花子さんは、ご主人に自分の話をされるのを嫌がっていますが、ご主人が自分の健康のことで花子さんと一緒に話をするというのはできるのでしょうか？
C：できると思います。花子さんもご主人の健康のことを気にしていたので。

12　現時点でのプラン

ファ：他はいかがですか？　大丈夫でしょうか？　予定の時間になってきました。まずは、今あげていただいたことをやってみた上で、再度カンファレンスを開催したいと思いますが、みなさんいかがですか？　どのくらい間を空けて、カンファレンスを開催したらよいですか？
C：3週間後ぐらい。来週に訪問し、翌週には花子さんに地域包括に来てもらおうと思います。その結果を踏まえ、再度話し合いができれば、嬉しいです。
ファ：では、3週間後の○月○日○時に次回のカンファレンスを開催したいと思います。
本日はありがとうございました。

【ファシリテーターとしての留意点】
　本ケースカンファレンスでは、ファシリテーターとして質問した際に、参加者があまり考えずに一般的な、ハウツー的な答えを返してきたときに、もっと掘り下げ、具体的に考えてもらうためには、どのように質問していくのがよいかという点に留意した。たとえば、具体的なプランについて何があるかと聞くと、「家族にちゃんと話を聞く」という答えが出る。「じゃあ、何を聞けばいいでしょう？　何の話をするのがいいでしょう？」と聞けば、「家族自身が困っているのは何かを聞けたらいい」と具体的な案が出てくる。

【ファシリテーターとしての感想】
　精神的な問題がケースカンファレンスにあがってきた場合、受診につなぐことができないのはなぜか、それは本人に病識がないからだ、ではどうしたらよいか、というように議論が問題に集中しがちになる。カンファレンスが本人、家族の問

題の話に終始し、関係性の振り返りが行えず、プランを立てられずに終わることも多い。だが、AAA多機関ケースカンファレンスでは、早い段階で、本人のできている点・悪くない点を言語化し、改めて本人についての理解を深めることができる。また、本人の状態や周囲との関係性などを見直すことができ、支援者自身ができていること、できていないことを確認し、次の関わりを考え、具体的なプランを作ることができる。

　花子さんを受診につなげる方策を検討するということで、本ケースカンファレンスは開催されていますが、カンファレンスの結果、花子さんの地域生活を支援していくプランが作成されました。こうした支援の方向性の変化が起きたポイントとして考えられるのは、支援者間の相互理解と、本人・家族の望みの確認にあると考えられます。

支援者間の相互理解

　カンファレンス開始当初、本事例の主担当者は受診以外の方法もあるのでは、と内心思っていたようですが、主担当以外の人たちは、受診が第一、と考えていました。

　ところが、花子さんや夫のストレングスと心配なことをみなで整理したあと、うまくいった関わりと、うまくいかなかった関わりを語るという支援の振り返りの過程で、少しずつ互いの理解が進んだようです。主担当者は、「ここをこういうふうにやっている」と説明したり、「こういう気持ちで関わっている」と伝えることができ、他の人たちに「わかってもらえた」という感じがあったそうです。

　また、安全到達度評価のところでも、互いの理解が進んでいます。主担当者は「他の人の考え方がなんとなく違う、ズレている、と思っていたのが、こういうことで違う、こういうことで心配していたのだ、ということがわかって安心できた」と言い、それ以外の人も「他の人とのズレがはっきりしたし、そのズレがなぜかもわかって、自分の考えを深めることができた。」と述べていました。こうした相互理解がもたらす気持ちのゆとりが、これまでの考えの問い直しや、異なる視点からの検討を可能にすると思われます。

本人・家族の望みの確認

　本カンファレンス事例の記述では省かれていますが、ファシリテーターのAさ

んが、ご本人の望みはなにかと聴いたら、「騒音がなくなること」という意見が出されたので、「騒音がなくなったら問題はなくなりますか？」と重ねて聴いたところ、「なくならないですねえ」という発言があったそうです。そして少し間をおいてから、「そういえば、元の家に戻りたい、人の役に立ちたいと言っていたことがある」という発言がありました。ご主人の望みについても、「ちゃんと聞けてないな」という反省の発言があり、そのあとで、「今の生活を維持できればよいと話している」といった発言が出たということです。

こうしたやりとりを通して、ご本人やご主人に希望に沿った支援が大事だ、という気づきを全員が共通してもったと思われます。Aさんによれば、このあとは、騒音の話はとくに話題にならなかったとのことです。

本人・家族の望みを確認することは簡単なようで、そうでもありません。本事例のように、「○○がなくなること」という答えが返ってきたら、「○○がなくなったら問題はなくなりますか？」とか、「○○がなくなったら、どのようになっているでしょう」と問い返してみましょう。「○○をしたいと言っていた」とか「○○ができていること」といった肯定的な表現で望みを確認できれば、それは支援の糸口につながるはずです。

Ⅲ AAA多機関ケースカンファレンスの実際

> 事例No.3
> 生活支援が必要な認知症高齢者:危機感をめぐる関係機関のズレの解消

【ケースカンファレンス実施日時、実施場所】
2018年○月○日13:00～14:10、地域包括支援センター会議室

【参加者】
ファシリテーター兼記録係:●委託型地域包括支援センターOソーシャルワーカー（社会福祉士）
事例報告者:●委託型地域包括支援センターP看護師
参加者:●往診クリニックQ看護師、市役所保健福祉部R保健師
計4人　　（●は、ケース関与者）

【目的】
　2年前より当事例に関わっている委託型地域包括支援センター（以下、地域包括）と、最近関与が始まった地域のクリニック看護師との間で緊急性の認識が異なり、支援方針が定まらないため、地域包括がケースカンファレンスを実施することとした。

【ケースカンファレンスの実際】

1　本日話し合いたいこと（心配ごと・困っていること）

　ファシリテーターより地域包括のP看護師に、今困っていることを話してもらった。

　認知症のあるAさん（女性、87歳）への現時点でのサービス導入は時期尚早であり、長女の意向を尊重してゆっくりと支援を進めていきたいと考えている地域包括と、本人の安全を考えて早急な支援開始が必須と考えている往診クリニックの見解に差異があり、認識が異なっているため、機関間で支援の方向性等に関する共通の認識を図りたい。

2　ジェノグラム・エコマップ

　カンファレンスの参加者は、みな家族構成や支援経過の概要については知っていたが、確認の意味も含め、P看護師に改めて概要の報告をお願いした。

　Aさんは比較的静かな住宅街にある戸建ての借家でひとり暮らしをしている。夫はかなり前に他界、長女が近隣市で、夫と息子と暮らしている。

3　支援経過

　平成29年〇月〇日に、民生委員さんより「最近Aさんの様子が以前とずいぶん変わってきた。裸で物干しに出ていたりもする。近隣の家をやみくもに訪ねては食べ物をもらっているため、近所の人たちもストレスになって困っているという声を聞いている」と地域包括に連絡があった。

　同時期、近隣住民より地域包括へ、徘徊や昼夜問わず自宅に訪ねてくるAさんを心配しているという連絡が入る。

　地域包括が本人の様子確認をした後、長女さんに電話連絡を入れ、Aさんの認知症の進行について近所の人も心配していることを伝え、介護保険等の利用によるサービス利用を持ちかけてみたが、「母はどこも悪いところはない」「多少の物忘れはあるが、掃除などはちゃんとできており介護保険を利用するような状況ではない、トイレに自分で行けなくなったときがそのタイミングと考えている」「食べ物はちゃんと買って届けている。宅配も利用しているので大丈夫」とのことであった

　その後も、民生委員さんや近隣住民から地域包括へ訴えが何度もあり、担当者は一時期心理的負担を強く感じるほどであった。その間、地域包括として本人宅を訪問し、様子確認を行い、長女さんへ連絡を入れて働きかけるものの、長女さんの反応は変わらない。地域包括を批判し、放っておいて欲しいという内容の手紙も2度ほど届く。そのような状況が約1年間続いた。

　平成30年〇月、長女さんより地域包括に相談の電話が入る。「認知症の往診医を紹介して欲しい。自宅に行ったら便失禁していて大変だった。カップラーメンの容器ごと火にかけた跡もあった」とのことであった。

　ようやく、地域包括が長女とAさんの支援に向けて話ができる関係になり、

地域包括として、往診医の紹介と、介護保険申請のサポート等を行った。
　担当のＰ看護師からの経過概要は以上のとおりであったが、今回のケースカンファレンス開催に至る経過を簡単に記しておく。
　介護保険は申請しても結果が出るのに1か月か1か月半くらいかかるが、ひとり暮らしは限界なので、このあとどうするか娘さんと話し合いをもったところ、長女さんは介護保険の結果が出たら有料老人ホームに入所させたい、と発言。これまでもなんとかやってきたということと、娘さんの希望も強いので、介護保険の結果が出るまで、みんなの協力でなんとかしのいでいこうという話になった。しかし、医師の往診に同行したクリニックのＱ看護師は、食べ残しにアリやコバエがたかっているＡさん宅の環境に驚き、Ａさんひとりで置いておける状態ではないから、1日も早く介護保険のサービスを導入すべきだ主張。地域包括のＰ看護師とクリニックのＱ看護師が電話による話し合いをしても埒が明かなくなってしまった。そこで、ケースカンファレンスを開催することにした。

4　本人・家族のできていること・悪くないこと

　みなさんに、Ａさんと長女さんについて、できていること・悪くないことをあげてもらった。

＜Ａさん＞
・用意しておけば自分で食事を摂ることができる。
・トイレに行くなど、家のなかのことはだいたいできる。
＜長女さん＞
・毎週末、本人宅を訪問している。
・安否確認の電話をしている。
・近所の人たちに、「母に何かあったらよろしくお願いします」と言ってある。

5　本人・家族の困ったこと・心配なこと

　次に、気がかりや困ったことをあげ、実際にあったことについては●をつけた。
・●食べ残しが部屋に散乱しており、アリやコバエがいる。
・●夜中にひとりで出歩くことがある。
・●便失禁がある。

6　支援者のうまくいった関わり方

地域包括のＰ看護師に、うまくいった関わり方を振り返ってもらった。

・大家さんに会って話を聞くことで、長女さんは本人を心配しており、「関わりたくない」といった否定的な気持ちをもっているのではないことがわかった。
・長女さんから批判を受けても、電話や手紙で、Ａさんの生活の現状を伝え続けた。その結果、いよいよ困ったというときに、長女さんから地域包括に相談の電話がきた。
・相談を受けて、長女さんに往診医を紹介したところ、長女さん自ら往診医に連絡をとった。

7　支援者のうまくいかなかった関わり方

・長女さんがＡさんへの支援の必要性を認識する前に、介護保険の申請を促したときには、地域包括や介護保険制度自体への不満や怒りを返されてしまった。
・長女さんとＡさんへの支援について話ができる前に、Ａさん自身の「（デイサービスに）行ってみたい」という言葉を伝えた結果、「それは行政の人たちの勝手な理解。母はそういうところは嫌いなはず」と拒否されてしまった。
・長女さんにＡさんの生活の様子を伝え続けたところ、「きつく言い聞かせますから」と本人を叱ってしまうので、伝えすぎるのも心配になった。

8　本人・家族の望み

Ｐ看護師によると、長女さんの望みは以下のようなものであった。

　現在、長女さんは本人の認知症の状態を理解しており、「この先ひとり暮らしはむずかしいと思うので、介護保険の認定結果が出たら、施設に入所させたいと考えている。金銭的には3年くらいは有料ホームも可能と考えているが、その先は特養に入れればベスト」と、経済的な事情も考慮している。

9 安全像と安全到達度

　これまで整理した情報と長女さんの希望を踏まえた上で、本事例にとって安全と言える状態について、それぞれの見解を話してもらった。

＜地域包括のP看護師＞
・常時エアコンで室内の温度調整がなされている。
・ひとりで外に出ても、近所の人たちが自宅に連れ戻してくれる。
・長女が来て、食事がきちんと届けられている。
＜往診クリニックのQ看護師＞
・部屋が清潔に保たれている。
・水分が必要量摂取できている。
・古い食べ物が片づけられている。
＜行政のR保健師＞
・脱水、低栄養になっていない。
・長女が本人、支援者、地域の人たちと連絡が取れている。

　それぞれが考えた安全・安心な状態を10点、危険ですぐに介入が必要な状態を0点としたときの点数とその理由をそれぞれ述べてもらった。
P看護師:8点。満点にならないのは、食べ物はあるけれど傷んでいる可能性があることと、部屋の衛生環境が不十分なため。
Q看護師:3点。水分、食事がとれていることが確認できていないため。
R保健師:9点。毎日の様子は確認できていないが、脱水、低栄養にならずに過ごせている。必要最低限の連絡は取れている。

　地域包括とクリニックの担当者でAさんの状況に対する認識がかなり違うと、参加者は思っていたが、点数がこれほど開いたことには、みなが驚いた様子であった。それぞれが望ましいと思っている姿が違い、見ているところが違ったのだということがよくわかった、という感じだった。ファシリテーターとして、これだけ違えば通じるわけがない、と納得したが、点数を一致させるということは一切せず、「クリニックの看護師さんとして、この暑さから、脱水とか食べ物の傷み、衛生環境などをとても心配してくださっていたのですね」と発言した。

10　今後の取り組みアイディア

お互いの見解について理解ができたことから、その場の雰囲気が穏やかなものになった。引き続き、今後の支援プランをみなで確認し、シートに記載したあと、見通しについて話し合った。

「今やっていることで、これからも続けようと思うこと」
　①様子確認のための定期訪問(週1回程度)。
　②心配しくれている近隣の方の話を聞く(負担を感じている人たちのガス抜きになる)。
「この後、やってみたいこと、できたらよいと思うこと」
　③改めて本人の意向(ひとりでいる時さみしくないか、希望する居所、施設入所をどう考えるか、食べ物は十分か、など)を聞いてみる。
　④長女に認知症についての知識を学んでもらう。
　⑤週3回程度の見守りを行う。
　⑥ヘルパーの導入。

11　見通し

　①〜③については、とくに問題なく続けられそう、もしくはできそうということであった。
　④長女への教育、⑤週3回程度の見守り、⑥ヘルパーの導入については、長女が必要と思うタイミングでない場合は逆効果になるだろう。

12　現時点でのプラン

　最後に、実施内容について役割分担を明確にした。

＜地域包括＞
・週1回程度、様子うかがいの訪問を続ける。
・ドクターから長女への病状説明後、地域包括として認知症の支援についての情報提供を行う。
・長女への支援。

<認知症クリニック>
・ドクターから長女へ病状説明、治療の相談、予防についての指導(環境面等)を行う。

【ファシリテーターとしての留意点】
　カンファレンス参加者については、地域包括と見解が異なるのは、クリニックの看護師1名であったため、「多数派から責められている」という感じを与えないよう、参加人数を最小限に絞った。
　同じ記録を見てカンファレンスを進められるよう、各自で記録はしないよう依頼し、カンファレンスシートを拡大コピーして全員で同じ書式を見て進めたことで、話が逸れそうになったときにも戻しやすかった。

【ファシリテーターとしての感想】
　カンファレンス開催前には明らかにぎくしゃくしていた支援者間の雰囲気が、終了後はガラッと変わったと感じた。気がかりと思われることやこれまでの取り組みを共有した上で、安全ラインの判断についての見解を述べ合い、視覚化したことも大きい。本事例主担当の地域包括看護師は「電話で30分近く話しても全然わかってもらえないと思っていたが、カンファレンスの開催により、互いの立場の違いや懸念していること、また、これまでの取り組みの苦労を双方が理解し合えたと思う」と話していた。

　本ケースカンファレンスの目的であった、支援の方向性について関係機関間で共通認識をもつことを達成できたポイントとして、ここでは、ファシリテーターの気配りと、支援経過の「見える化」による相互理解、をあげたいと思います。

ファシリテーターの気配り:準備
　事例報告者は地域包括のP看護師、ファシリテーターは同じ地域包括の社会福祉士のOさん、場所は地域包括の会議室です。地域包括と異なる見解のクリニック看護師Qさんが、カンファレンスへの参加に不安や緊張を感じても不思議ではありません。ファシリテーターのOさんはそれを予想し、地域包括の参加者を、自分を含め2人にとどめ、中立的立場の人として市のR保健師に参加を

求めました。カンファレンス直前には、R保健師にその立場を認識して参加してもらうよう、改めて声がけを行っていたそうです。

　こうした気配りは、カンファレンスができるだけよい雰囲気で進むようにしていくための準備、あるいは、段取りのひとつといってよいでしょう。カンファレンスがよい雰囲気で進むための事前の準備、段取りは、必要に応じてやっておく。これは、ファシリテーターの気配りという能力のひとつと言えます。

ファシリテーターの気配り：コンプリメント
　Oさんは、安全到達度の点数が地域包括のP看護師とクリニックのQ看護師とでは大きく異なっていたことにびっくりしたようですが、点数を一致させるようなことは一切言わず、Q看護師に対し、これこれの理由で、クリニックの看護師さんとして大変心配してくださっていたのですね、とねぎらいの言葉をかけています。自分だけかなり低い点数をつけたQ看護師は不安を感じていたと思われますが、このねぎらいの言葉で、「わかってもらえた」と、少し安心できたのではないでしょうか。

「見える化」による相互理解
　少人数で多機関カンファレンス・シートを囲み、記録係が発言をシートに記入していくことで、共同作業をやっている感覚が生まれています。そして、ていねいに述べられた支援経過がシートに記載され「見える化」されていくことで、電話で聞いていただけではよくわからなかった地域包括の状況判断について、クリニックのQ看護師も了解できるようになっています。地域包括のP看護師も、クリニックの緊急性意識の高さを理解できるようになっています。

　安全到達度評価のところで、相互の点数の開きに驚きながらも、その点数や評価の理由についてお互いが了解できたのも、こうした支援経過等の事実の「見える化」によって、相互の理解が進んでいたからと考えられます。相互理解が進むと、次に誰がなにをすればよいか、本事例のように話が円滑に進んでいく可能性が高くなります。

　関係機関間の認識のズレゆえに、支援の方向性や内容が定まらない、そういう場合には、多機関カンファレンス・シートの、とくに支援経過をていねいに「見える化」していくことが望ましいと言えそうです。

Ⅲ　AAA多機関ケースカンファレンスの実際

事例No.4
ネグレクトのおそれのある高齢者:関係機関間の情報共有と虐待判断

【ケースカンファレンス実施日時、実施場所】
【2018年○月○日13:30～14:30、基幹型地域包括支援センター

【参加者】
ファシリテーター:基幹型地域包括支援センター(直営)Sソーシャルワーカー(社会福祉士)
記録係:●基幹型地域包括支援センターT主任ケアマネジャー
事例報告者:●居宅介護支援事業所Uケアマネジャー
参加者:●C訪問看護事業所V訪問看護師、●A訪問介護事業所Wサービス提供責任者、●B訪問介護事業所Xサービス提供責任者、●市役所・生活保護担当Yケースワーカー
計7人　　(●は、ケース関与者)

【目的】
　約10年前から基幹型地域包括支援センター(以下、基幹型地域包括)が関与していた事例であるが、しばらく前に、担当ケアマネジャーからネグレクトではないか、どうしたらよいかという相談がなされた。関係機関が多く関わっているが、それまで全体で集まったことがなかったので、みなで集まり、ネグレクト事例として対応すべきか、本事例に安全なところはないのか、情報を共有して確認することにした。

【ケースカンファレンスの実際】

1　本日話し合いたいこと(心配ごと・困っていること)

　ファシリテーターであるSから、Uケアマネジャーに困っていることを話してもらった。

　Bさん(女性、80歳)は娘さん(45歳)と暮らしているが、娘さんがゲームセン

ターに通ってお金を使い果たし、食べるものがない、電気料金を支払えず電気を止められるといったことが1年くらい前から起きるようになった。2か月前には、娘さんがお酒を飲んでBさんを介護し、Bさんをベッドから落としそうになって、Bさんがベッドの柵で腰を打つということがあった。Bさんの生活状況がこれでいいとは思えず、ネグレクトと判断して対応すべきなのだろうか。

2　ジェノグラム・エコマップ

時間節約のために、すでにわかっている事例概要や支援経過については、事前にシートに書き込んでおいた。

Bさんは若い頃、夫と離婚し、娘ひとりを旅館の賄い婦をしながら育ててきた。現在、要介護4で、訪問看護、訪問介護、ショートステイなどのサービスを利用している。支援してくれる親族や友人等はいない。娘さんは病弱で10年以上就労していない。

3　支援経過

ふたりは現在、生活保護を受給している。1年くらい前から、娘さんがゲームセンターに通うことが多くなり、お金を使い果たしてしまって、食べるものがないといったことが起きるようになった。それに、お酒を飲んで介護し、結果的にBさんを傷つけてしまった。Bさんにこの件について事情を聞いたとき、Bさんは、娘はよくしてくれていると言っていた。娘さんのほうは、これからはお酒を飲んで世話をしたりはしないと反省していた。ふたりとも、かばい合うといった感じである。

4　本人・家族のできていること・悪くないこと

これまでの情報をみなさんに確認してもらった後、安全探しとしてBさんや娘さんのできていることや悪くないことを出してもらった。

＜Bさん＞
・血圧が安定している。栄養不足でもなく健康上問題はない。（V訪問看護師）

・娘さんをかばっており、娘と離れたくない気持ちが強い。(Xサービス提供責任者)
・サービスを受け入れており、不平や不満はとくに聞いたことがない。(Wサービス提供責任者)
・毎日、誰かの目が入っている。(Uケアマネジャー)

＜娘さん＞
・以前は、お金がなくなってくるとサービスを切っていたが、それはしないようにという約束を今は守っている。「自分で介護するよりプロに任せよう」という点も一応守られている。(V訪問看護師)
・ヘルパーに対する拒否的な反応はない。(Wサービス提供責任者)
・娘さんなりの世話は、普段はまあまあやれていて、見ていて危ないという感じではない。(Xサービス提供責任者)
・母親と離れたくないと思っており、母親に対する愛情は強いように見受けられる。(Yケースワーカー)
・食べ物がないときは、ふたりとも食べていないという状況で、Bさんだけ食べさせていないというわけではない。(Wサービス提供責任者)

　安全探しをしたら、いろいろなことがあがってきた。ケースカンファレンスの目的は、ネグレクト事例かどうか、安全なところはないのか、ということを確認することであったので、このあとすぐに、安全度の話に移ることにした。

9　安全像と安全到達度

　Bさんと娘さんの安全度について、点数付けとその理由を語ってもらった。

Wサービス提供責任者：7点。娘さんは約束を守っており、サービスを切らないし、ヘルパーの言うことは一応聞いてくれている。
Xサービス提供責任者：6点。一応、約束は守られている。ただ、今はなんとかなっているが、お金がなくなることはこれからもありそうで、少し心配。
Uケアマネジャー：5点。娘さんのゲームセンター通いも心配だが、またお酒を飲んでBさんをけがさせないかも心配。
V訪問看護師：7点。血圧は安定しており、栄養不足でもなく健康状態は問題な

い。
T主任ケアマネジャー:6点。毎日、人の目が入っている。プロの介護を受けられているし、なにかあればすぐに対応ができる。娘さんのゲーム依存は、今のところやまないので心配はあるが、ケアマネジャーや事業所との約束はとりあえず今のところ守られている。

　しばしば訪問しているヘルパーと看護師は、身近で見ていて、まあまあやれており、危ないというわけではないと思っているが、月に1度の訪問のケアマネジャーは、心配な点があり危ないと感じているという、認識の違いを共有することができた。
　V訪問看護師が、具体的にBさんの身体面に関する数値を教えてくれたので、みなさん、それならばとりあえず安心と思えたようであった。しかし、今はネグレクトとは言えなくても、今後またお金がなくなり、生活面での支障や介護面での心配が起きるおそれはある。この点もみなで共有できた。

12　現時点でのプラン

　心配な点も共有されたので、今後も現在のサービス提供を継続するとともに、なにか変化があったらすぐに連絡し合う、ということを全員で確認した。

【ファシリテーターとしての留意点】
　当該事例がネグレクトかどうかを判断する際、関係者が困ったこと・心配なことだけでなく、安全なところ、安全につながる悪くないこと・できていることにも焦点を当て、全体的に事例を判断できるよう、多機関カンファレンス・シートを用いた。
　シートの「2　ジェノグラム・エコマップ」、「3　支援経過」のところは、会議の前に概略を書いておくことで、カンファレンスの時間を短縮することができた。
　「4　本人・家族のできていること・悪くないこと」のセクションで、安全と言える部分が多く確認され、そこでネグレクトとは言えないという共通認識ができた。それで、次に、「9　安全像と安全到達度」のセクションに行った。シートに忠実にというより、柔軟に活用した。

【ファシリテーターとしての感想】

　基幹型地域包括として、ケアマネジャーを通して事例に関する情報は得ていたが、各サービス事業所が本事例をどのように考え、どのようにサービスを提供してくれているのか、それを直接理解することができたのはよかった。関係者みなが顔の見える関係になったので、今後、情報共有は円滑にいくものと考えている。

　記録係は、多機関カンファレンス・シートによるケースカンファレンスが初めての経験であったので、ファシリテーターとして指示してやってもらった。だが、とくに困るということはなかった。

　本ケースカンファレンスの目的は、当該事例がネグレクト事例かどうか、ネグレクト事例ならば積極的な介入が必要かどうか、を関係者全員で検討することでした。情報共有と意見交換の結果、現状はネグレクトではないが今後の心配はあるので、現在のサービス提供を継続しながら、気になる点が見られたらすぐに情報共有することを確認しあっています。

　6つの関係機関の7人によるカンファレンスで、1時間以内に目的を達成してカンファレンスを終えることができたのは、①事例概要と支援経過概要を事前にシートに書き込んでおいた、②グレーゾーン事例に複眼的視点でアセスメントする多機関カンファレンス・シートを活用した、というファシリテーターの準備力と、③シートを柔軟に活用した、というファシリテーターのマネジメント力によると言えます。ここでは、②について解説します。

グレーゾーン事例こそ複眼的視点でアセスメント

　安心づくり安全探しアプローチ（AAA）では、相談・通報があったとき、また、初回訪問のあとなどにも、「危害・リスク確認シート」と「安全探しシート」を用いて、複眼的に事例のアセスメントを行うことを求めています。「危害・リスク確認シート」に記載された情報で見る限り、虐待かどうか、ネグレクトかどうか微妙で、介入するのがよいか、もう少し「見守り」するのでよいのか、判断がむずかしいという場合があります。

　しかし、同じ事例を「安全探しシート」で見てみると、安全につながる「資源・ストレングス」がほんのわずかしかないとか、ほとんどなさそうだとわかったりします。この場合は、関係者全員の感度を上げて、積極的な介入・支援を行い、虐

待やネグレクトの悪化を防止していく必要があります。本事例では、安全につながる「資源・ストレングス」が少なくなく、安全度も全体としてさほど低いわけではないということが共有された結果、現時点ではネグレクトとして介入度を上げるというより、現状のサービス継続を行いつつ、心配な点についてきちんと見ていくことを全員で確認しています。

　多機関カンファレンス・シートの「4　本人・家族のできていること・悪くないこと」のセクションは、「安全探しシート」に、「5　本人・家族の困ったこと・心配なこと」のセクションは、「危害・リスク確認シート」に該当します。ファシリテーターのSさんは、Uケアマネジャーの相談を受けたとき、ネグレクトかどうかよくわからないならば、安全な点についても確認すべき、という安心づくり安全探しアプローチのアセスメント原則のひとつを思い出し、多機関カンファレンス・シートでやってみようと思ったのではないでしょうか。

　虐待でもネグレクトでも、どちらか判断に迷い、どのような対応がよいか戸惑うといったグレーゾーンの事例ほど、心配な点やリスクだけでなく、安心できる点やストレングスを見るという複眼的視点が重要と言えるのではないでしょうか。

> 事例No.5
> 自尊心の低下した知的障害者：担当者の支援をめぐる戸惑いの解消

【ケースカンファレンス実施日時、場所】
2018年○月○日　13:30～14:00　障害者基幹相談支援センター会議室

【参加者】
ファシリテーター兼記録係：障害者基幹相談支援センターKソーシャルワーカー
協力者：安心づくり安全探しアプローチ（AAA）研究会L会員
事例報告者：●A法人指定特定相談支援事業所M相談支援専門員（就労継続B型事業所生活支援員兼務）
参加者：●A法人生活介護事業所N生活支援員、その他指定特定相談支援事業所相談支援専門員8人、障害者基幹相談支援センター職員1人
計13人　　　（●はケース関与者）

【目的】
　基幹相談支援センターで、区内相談支援専門員のスキルアップを図るために、AAAの方式を取り入れた事例検討会を企画。事例提出者を募り、生活介護事業所の相談支援専門員より下記事例の提出があった。
　「就労継続B型事業所に通っていた方が認知症を発症し、身体機能も低下。送迎のある同法人の生活介護事業所に通所開始。これまで仕事をすることにプライドを持っていたため、仕事ができなくなったことで自尊心が低下している。そのため、職員が今後、どのように寄り添っていったらいいか戸惑っている」とのこと。職員の戸惑いを解消することを目的として、カンファレンスを実施することとした。

【ケースカンファレンスの実際】

1　本日話し合いたいこと（心配なこと・困っていること）

　ファシリテーターであるKから、指定特定相談支援事業所のM相談支援専門員に、今、戸惑っていることを話してもらった。

Pさん（男性50代後半・ダウン症）は、ご両親が亡くなり身寄りなく、グループホーム（総合支援法）で生活している。

　Pさんは長年就労継続B型事業所に通い、働くことに誇りも持っていた。しかし、半年ほど前から認知症が見られ、就労継続B型事業所に通所する途中で道に迷うようになり、ひとりで通えなくなった。就労継続B型事業所を利用するには自主通所が必須のため、送迎のある同じA法人の生活介護事業所に相談。実習を経て、2か月前から生活介護事業所を使うようになった。

　しかし、Pさんは生活介護事業所にいても、「働けなくなった」と表情が曇りがちになり、働けなくなったことで気持ちが傷ついていないか心配である。Pさんが生き生きとして生活介護を利用するためにどのようにしていったらいいか戸惑っている。また、Pさんは、休み時間などに勝手に同建物内の就労継続B型に行ってしまうことがある。今後、認知症の症状がどれだけ進むのか、どう対応していったらいいのか、生活介護で対応しきれるのか気がかりである。

　グループホームでも他の人の部屋に行き、勝手に物を持ってきてしまうトラブルが生じるようになってきている。グループホームからも、対応に困っていると言われている。どうしていったらよいだろうか。

2　ジェノグラム・エコマップ

　ご家族はいないとのことであったが、事例報告者であるM相談支援専門員に、家族以外の支援者についてももう少し説明してもらうように頼んだ。

　Pさんはご両親の間の一人息子として育ったが、ずいぶん前にご両親が亡くなり、グループホームで暮らすようになった。現在、生活面はグループホームの世話人が援助している。日中は、生活介護を利用。ほかに、知的障害者担当ケースワーカーやM相談支援専門員がサービス利用等について相談にのっている。また、以前から精神科に数か月に1度、通院継続している。

3　支援経過

　支援経過の概要を、M相談支援専門員から話してもらった。

半年前より認知症の症状が出始め、グループホーム世話人から、「他の人の部屋に入ってしまい困る」と相談が入った。生活介護事業所に今後の利用につき打診。
　3か月前に就労継続B型事業所に通えなくなり、生活介護事業所で実習を行う。2か月前から生活介護事業所の利用を開始。M相談支援専門員と生活介護事業所のN生活支援員等で情報を共有しているところ。

4　本人・家族のできていること・悪くないこと

　これまでの情報をもとに、Pさんの強み、できていること、悪くないことを参加者から意見を募り、でてきたものをホワイトボードに整理して記した。

＜Pさん＞
・働くこと（作業）が好き。生活介護での作業も頑張っている。
・就労継続B型の利用者に仲のよいメンバーがいる。
・人懐こく、いろいろな人に自分から声をかけることができる。
・お願い上手。
・男性が頼むと、お願いを聞いてくれやすい。
＜環境＞
・通えるところ（生活介護）がある。
・通所先と相談支援専門員との連携がうまくとれている。

5　本人・家族の困ったこと・心配なこと

　次に、Pさんについて心配なこと、困っていることをあげてもらった。

・夜間、他の人の部屋に入り物をもってきてしまい、グループホームでトラブルになっている。
・自分がいる場所が分からなくなり、混乱する。
・働けなくなり、表情が曇りがちで、生活介護を楽しんでいるように見えないときがある。
・仲のよい就労継続B型の利用者がいると、追いかけて行ってしまう。

6　支援者のうまくいった関わり方

今度は、支援者たちがやってきたことで、うまくいった関わりにどのようなものがあるかをあげてもらった。

　M相談支援専門員:N生活介護支援員、グループホーム世話人、知的障害ケースワーカーで連携を密にして、情報・状況の共有を図るようにしたことで支援者が状況を理解しやすくなった。
　N生活介護支援員:1日のスケジュールをホワイトボードに明示し、本人が見通しをもてるようにした。これにより落ち着いて過ごせることが増えた。

7　支援者のうまくいかなかった関わり方

次いで、うまくいかなかった関わり、注意が必要な点についてあげてもらった。

・「帰る」と施設から出ようとしたとき、職員がそれぞれ「まだ帰る時間ではないですよ」「どうやって帰るんですか」と声をかけたり、「○○と帰る」と言われたとき、「約束してなかったですよ」と返した。だが、これらの対応ではなかなか落ち着かず、就労継続B型事業所に行ってしまったり、施設から出ようとして、職員が体で制止することもあった。
　どういう対応をすればいいのか戸惑う発言が続いたところで、協力者のLさんより認知症の人に対するケアの技法としてのユマニュチュードとバリデーションの紹介があった。表面的な発言に対応するのではなく「どこに帰りたいの？」「だれが待っているの？」とPさんの言葉を受け止めて発言したり、Pさんの気持ちや発言の意味を聞き、気持ちを受け止めるといったケアの提案があった。
　これを受けて、生活介護事業所のN生活支援員から「Pさんの気持ちを受け止めるように考えていきたい」との発言があった。

8　本人・家族の望み

　M相談支援専門員やN生活支援員に、Pさんはなにを望んでいるか知っていますか、と聞いた。

　Pさんからそれを、直接言葉として聞くことはできていないが、これまでの言

動や行動からすると、「仕事をがんばりたい」、「ゆっくりもしたい」、「安心してすごしたい」と思っているのではないかとのことであった。

9　安全像と安全到達度

　これまでに出された情報とご本人の望みをもとに、Ｐさんが現時点で安心して安全に暮らしていると言える状態はどのような状態かイメージしてもらうために、現時点でのＰさんにとっての安全像を考えてもらった。

　Ｍ相談支援専門員：「生活介護に安心していられる状態」、「就労継続Ｂ型事業所の人が見えても手を振って終わりにできる（追いかけてどこかへ行かない）」

　０から10までのラインを引き、今あげてもらった状態が達成できているときを10点とした場合、０から10までの段階のなかで、現在はどれくらいの段階にあると思うかと聞いたところ、Ｍ相談支援専門員からは「７」との答えがあった。

10　今後の取り組みアイディア

　では、この「７」から、「10」の状態に近づくためにどうしたらよいか、「今やっていることでこれからも続けようと思うこと」と、「この後やってみたいこと、できたらよいと思うこと」を、分けて言ってもらった。

「今やっていることで、これからも続けようと思うこと」
・生活介護のプログラムをご本人にわかりやすいようホワイトボードなどに提示する。
・年齢にあった活動内容の提案をする
・昼休みの生活介護と就労継続Ｂ型事業所の短時間の交流を行う。
「この後、やってみたいこと、できたらよいと思うこと」
・生活介護事業所内のみならず、関係者で支援方針や支援方法の共有を図る。生活介護事業所内では月１回の会議を全体及び活動班スタッフで行う。
・Ｐさんにとっての仕事の意味を考え、活動内容の検討に活かす。
・今後の支援方針や支援方法を検討するため、病院の認知症外来をＭ相談支援専門員が同行し、受診する。主治医と相談できる関係を作る。

・上記診断の結果、病名によっては介護保険の申請を行い、使えるサービスの選択肢を増やす。
・関係者が認知症について学び、理解を深める。
・症状が進んでいっても必要なサービスを受けていけるよう、成年後見制度や地域福祉権利擁護事業の利用を考える。

11　見通し

「今やっていることでこれからも続けようと思っていること」としてあげられたものは、M相談支援専門員（生活支援員兼務）もN生活支援員もやっていけるとのことであった。

「この後やってみたいこと、できたらよいと思うこと」としてあげられたものについて、「それらはすぐにできそうですか」と見通しについて聞いたところ、定期的な事業所内の会議や受診同行はすぐにでもできそうとのことであった。それ以外のことについては、今後おいおい行っていきたいという話であった。

12　現時点でのプラン

今後なにをどうやっていくかの案がでたので、これらを確認してカンファレンスを終了した。

【ファシリテーターとしての留意点】
どう寄り添っていけばいいかというテーマであったが、できるだけ具体的に支援の現状やアイディアについて話してもらえるように、質問を重ねていった。また、「できていること」についても、当初はでてこなかったので、具体的にされていそうなことを提示してみて、「できている」ことに気付いてもらえるよう心がけた。

【ファシリテーターの感想】
基幹連絡会ではこれまでも事例検討会を行ってきたが、AAAの方式で行うのは初めてであった。ただ、これまで行ってきた障害分野の方式での事例検討でも「責めない」「ストレングスモデルで」「未来志向で」ということは、参加者の共通意識となっており、AAA方式での進め方と価値観は共通しており、参加者に違和感はなかったようだ。事例報告者からも「短時間で実りのあるカンファレンス

ができた」、「安心してできた」と感想が得られた。認知症の方の支援について、AAAのL会員より障害分野ではなじみのないユマニチュードやバリデーションについてお話いただき、視野が広がり、参加者から好評であった。

今回ファシリテーターと記録係を兼ねてみて、両方を兼ねてもなんとか実施できることがわかった。とくに、AAAの書式があったため、進行する上で聞き漏らしなどが生じにくく、効率よく安心して行うことができた。反省としては、ファシリテーターである筆者がいっぱいいっぱいになってしまい、十分に参加者の意見を引き出しきれなかったことがある。時間も連絡会の枠内（1時間）で2事例としたので駆け足になってしまった感は否めない。ファシリテーターが役割分担や事前準備をもっとしっかり行い、記録係も別に立てられれば、もう少し落ち着いて行えたのではないか。事例提出者や現支援者以外の各現場で培った支援スキルを持つ参加者たちからもっと意見をだしてもらえたら、より実りがあったのではないかと思う。

本事例は、相談支援専門員のスキルアップのための事例検討会として行われたカンファレンスでしたが、実質は、支援に戸惑っている事例を出した相談支援専門員と、同じ事例に関わっている生活支援員、それにファシリテーターと協力者の4人によるケースカンファレンスとして行われています。事例に直接関わっていない9人には、この4人によるケースカンファレンスをデモンストレーションとして観て、やり方等を学んでもらったわけです。

シートがもたらす安心感

同じ業務を行う専門職が多くいるなかで事例報告を行うのは、事例報告者に大きな緊張をもたらしたのではないでしょうか。ファシリテーターのKさんは、インタビューの際、カンファレンスでとくに印象に残ったこととして、「ケース報告者の表情が当初緊張で硬かったが、終盤には明るい表情になっていた」ことをあげています。事例報告者は、やはり、当初相当緊張していたのです。しかし、カンファレンスをやるなかで緊張がほぐれたようで、終了後には、「安心してできた」、「短時間で実りあるカンファレンスができた」という感想が、事例報告者から出されています。

実は、Kさん自身もこころの準備なく、急にファシリテーターと記録係をやる

ことになり、やや焦っていたそうです。しかし、このシートは「聞いていくことの枠組みがはっきりしていたので、緊張しながらも筋道に従って行えばよく、心強かった」そうです。シートに沿って、ファシリテーターが安心してカンファレンスを進めていくことができたこと、また、Kさんの言う「誰も責められない環境」のなかで、「前向きな意見や方法の提案が得られたこと」などによって、事例報告者は肯定的な感想を持つことができたのではないでしょうか。

事例に直接関与していない人の参加

　Kさんが感想でも述べているように、カンファレンスを見学していた計画相談支援員さんたちの数がもう少し少なく、もう少し時間にゆとりがあったならば、かれらもカンファレンスに参加し、今後の取り組みアイディア等の意見を出してもらってもよかったかもしれません。事例に直接関わっていない人が、それまでの経験や異なる視点から参考になる意見を出してくれることも稀ではないからです。ただし、意見を言う場合には、「私は、〜〜と思うので、〜〜したらどうかと思います。」のように、「I（アイ）メッセージ」で発言することが望まれます。「〜〜なので、〜〜したらよいと思います。」という一般論的な言い方は、ときに、相手への非難や否定的評価の意味合いを含んでいると、相手の人に捉えられかねないからです。

　AAA多機関ケースカンファレンスは、事例に関与している人たちの参加が原則ですが、事例や目的に応じて、直接関与していない人が参加することを否定しているわけではありません。

事例No.6
弟による知的障害者への虐待:弟理解を踏まえた支援プランの作成

【ケースカンファレンスの実施日時、実施場所】
2018年〇月〇日　13:00～15:00　市役所会議室

【参加者】
ファシリテーター:市役所障害者虐待防止センターB相談員(精神保健福祉士)
記録係:障害者基幹相談支援センターC相談員(社会福祉士)
事例報告者:●居宅介護事業所担当者D
参加者:●計画相談支援事業所E相談支援専門員(社会福祉士)
●移動支援事業所担当者F、●生活介護事業所担当者G、市障害福祉担当者H
計7人　　(●はケース関与者)

【目的】
　利用者Aさんに対して同居の弟から暴言や入浴制限など不適切な対応が見られると、市障害者虐待防止センターに、居宅介護事業所Dさんより相談がある。弟さんにいくら注意をしても改善されない。Dさんの前でAさんに殴りかかる素振りをすることもある。実際に殴られたこともあるとAさんから聞いている。Aさんも高齢となってきており大きなけがなどをしないか心配であるとのこと。
　市の障害者虐待防止センターでは、明らかな緊急的な対応を取る必要のある場合を除き、養護者との支援関係の構築に困難さを感じているケース等に関しては、多機関カンファレンス・シートを用いたケース会議を支援関係機関と実施することにしている。本事例についても、今後の支援を検討するためにカンファレンスを開催することとした。

【ケースカンファレンスの実際】

1　本日話し合いたいこと(心配していること・困っていること)

　ファシリテーターであるBから、居宅介護事業所のDさんに「今日、話し合いたいこと」「心配していること」を確認。その後、他の参加者にも確認した。

Dさんによると、Aさん(男性:70代:知的障害)に週2回ホームヘルプサービスに入るが、その際に同居する弟から頻繁に暴言がある。なににつけても大きい声で「馬鹿野郎」「ぶん殴るぞ」「死んでしまえ」といった内容で、拳を振り上げ殴るふりをするときもある。Aさんからは腕などをはたかれたと聞いたこともある。他にも、お金がかかるからと入浴を制限されたり、ふたりで古い食材を食べている様子もある。このままふたりでの生活を継続していて大丈夫だろうか。弟さんによるAさんへの障害者虐待にあたると思われるので対応を検討してもらいたい。

他の支援者からは、養護者である弟さんに対して単に叱責するのみでは解決に至らない、社会的困難な状況や虐待をするに至った背景などを理解し、弟さんとの関係性を見直し支援の糸口を見つけたいという意見もあがった。

2　ジェノグラム・エコマップ

引き続き、Dさんから、Aさんの事例概要と支援経過を簡単に話してもらった。

Aさんは、現在の自宅で両親と生活していた。弟さんは県外で生活していたが安定した職に就くことはなく、ときどき実家に戻っては両親にお金の無心をしていたようで、親族や近隣住民からはよく思われてはいなかった。両親が亡くなり、Aさんが単身生活となってしばらくしたころに戻ってきてふたりで生活している。

Aさんは「生活介護」「移動支援」「居宅介護支援」といった外出支援や家事支援の障害福祉サービスを長年利用している。

3　支援経過

Aさんは以前から生活介護事業所に通所していた。そのようななかで、両親が亡くなり単身生活となる。その生活を支える目的で、居宅介護支援や移動支援といったサービスの利用が始まった。入浴や調理などひとりでは難しい部分を補いながら、Aさん自身は支援担当者と良好な関係を築き、順調に生活を送ることができていたところ、しばらくして弟さんが自宅に戻ってきた。関係は当初よりよいとは言えなかったが、弟さんも生活に苦労していることからAさん

も同居を受け入れた。弟も「障害のある兄がひとりで生活するのは大変だから戻ってきた」と支援者たちには言っている。

　しかし、弟さんがAさんのサービス利用に関し、「金がかかるからやめろ」と言ってみたり、家事支援に対してもヘルパーに対して、「水の使い過ぎだ。もったいない」など一つひとつ不満を述べる。それに対してAさんも「文句言うな。働け」と返し、喧嘩が絶えない状況が続いている。

4　本人・家族のできていること・悪くないこと

　Aさんや弟さんのストレングスを整理した。参加者からは次のようなことがあげられた。

＜Aさん＞
・福祉サービスをうまく利用し、支援者に希望や心配を伝えられる。
・母から教えられてきた「ご近所付き合いは大事」、「働かざるもの食うべからず」といった規律をとても重んじている。
・母の影響から、辛抱強い、倹約家といったタイプ。
・情に厚く、弟想いの面もある。

＜弟さん＞
・パチンコに行くこと多いが、Aさんにお金を要求することはない。
・内装の仕事の経験があり、自宅の障子の張替えなどをしている。
・ときどき、食材を買ってきては食事を作ってくれる。
・家計を節約しようという想いは持っている。
・Aさんの支援者と話をする様子から、人と話をすることは嫌いではない様子。
・Aさんについて「大切な兄」という想いを持っている。
・近隣住民に会わないよう、早朝の時間帯に庭の草刈りなどしている。

5　本人・家族の困ったこと・心配なこと

　次に、Aさんや弟さんについて心配なこと、困っていることをあげてもらった。
＜Aさん＞
・弟さんからの暴言や毎日のような言い合いがあり、同居を諦め施設へ入った方

がよいのではないかという想いと、住み慣れた自宅から離れたくないという思いで悩んでいる。
・弟さんから「ガス代がもったいない」と言われ、入浴を思うようにさせてもらえない。
・Ａさんも弟さんに対して「働け、怠け者」などの言葉をかけてしまい、喧嘩の引き金を引いてしまう。
・通所している生活介護の利用者にも「働かない人は必要ない」など、Ａさんの価値観で非難してしまいトラブルになることがある。

＜弟さん＞
・近隣住民からは排除的な視線があり、孤立している。
・毎日のようにパチンコ屋に出入りしている。
・支援者など他者とのやり取りでは、すぐにカッとなり切れてしまうことが多い。

6　支援者のうまくいった関わり方

　次に支援者が関わってきたなかで、うまくいった関わり、悪くなかった関わり、これからもやっていったらよい、という関わり方はどのようなものかあげてもらった。

＜Ａさんへの関わり方＞
・お互いのクールダウンのためにときどきショートステイを利用するよう、Ｄさんが勧めた。
・生活介護事業所のＧさんが、弟さんも怠けているばかりでなく、弟なりに頑張っているという点をＡさんが理解できるよう、興奮しているＡさんに同調するのではなく、ゆっくり、穏やかに伝えるとか、くどくならないよう端的に伝えるなど、伝え方を工夫することで、Ａさんが、「働け」「怠け者」と弟さんを責めることが少なくなった。

＜弟さんへの関わり方＞
・まずは、弟さんの話をひと通り聞き、労いながら直して欲しい点を伝えていくと会話が続く。
・けんかの際に興奮し、「警察でも市役所でも呼んでみろ！」となったため、その

ことを生活介護事業所が居宅介護事業所のDさんに伝え、Dさんからそれを伝え聞いた市役所の担当者が、実際に訪問した。弟さんは、「まさか市役所が来るとは思わなかった。気をつけないと、ここに住めなくなったら困るね」と、しばらく喧嘩することが収まった。

7 支援者のうまくいかなかった関わり方

次に、うまくいかなかった関わり方について整理した。

＜Aさんに対して＞
・弟に対して「働け」「怠け者」と言ってしまうことが喧嘩になるキッカケとなることを防ぐために、ただ「やめよう」と伝えるだけでは納得しなかった。

＜弟さんに対して＞
・弟さんが支援者に一方的に注意されたと思うと興奮し、さらにAさんへの暴言等がエスカレートする。それを止めさせようと支援者の注意も強まり、さらに興奮するといった悪循環になることが多かった。

弟さんの生活歴ややり取りの話をするなかで、弟さん自身も軽度の知的障害があると思われ、表出の仕方が荒くなってしまい、コミュニケーションがうまく行かず良好な対人関係が築けないなど、弟さんの生きづらさの理解が参加者の間で深まっていった。

8 本人・家族の望み

Aさん自身は、また、弟さんは、今後の生活についてどのような希望をもっているのだろうかと尋ねたところ、Dさんが話をしてくれた。

Aさんは、「弟とそれなりにうまくやっていけるなら、住み慣れた自宅で暮らし続けたい」ただ、「自分たちが喧嘩し弟の大声が聞こえることで、地域の人を心配させてしまうなら申し訳ないので、施設へ入った方がよいのかな」とも言っている。

弟さんは、「本当は兄と仲良く支え合って暮らしていきたい」「仕事は無理かもしれないけど、社会の役に立てることがあればしてみたい。ただ、気が短いから

うまくいかないと思うけどね」と話してくれたことがある。

9 安全像と安全到達度

　これまでに出された情報と、ご本人たちの望みをもとに、Aさん、弟さんが現時点で安心して安全に暮らしているという状態はどのような状態かをイメージしてもらうために、「どうなっていると、みなさんが安心してふたりを見ていられるでしょうか」と尋ねた。

・けんかはなくならないかもしれないが、暴力はない状態
・利用しているサービスが継続している状態
・Aさんが危険を感じたときに、支援者に発信ができる状態
といった点が、参加者からあげられた。

　次に、「今、みなさんから出た安全・安心な状態の全体像を10点、危険な状態ですぐに介入が必要な状態を0点とした場合、みなさんは、今のAさんと弟さんの状態を何点とつけますか、点数とその理由を教えてください」と尋ねた。

D居宅介護業所担当者:6点。弟さんへの関わりができていけば、状況の改善が見込める可能性が高いため。
E相談支援専門員:5点。サービスの利用はできており、本人の状況が確認できる。
F移動支援業所担当者:8点。10年以上、ふたりで生活はしてきている。支え合っている部分もある。お互いの緩衝材として支援者がもっと機能できそうな支援のアイディアもあがったので。
G生活介護業所担当者:7点。弟さんがAさんに通所をさせないときもある。また、Aさん自身が自分の価値観で弟さんや生活介護の利用者にきつい言葉をかけてしまうことがあるが、これはなかなか修正が効かない。事業所内では他の利用者とけんかになっても支援者が入って止められるが、自宅でふたりの場合には心配。
H市障害福祉担当者:6点。あまりにもひどいときには、市役所が注意喚起する

ことで抑制にはなる。

10　今後の取り組みアイディア

　現時点の安全・安心度を少しだけ、1点だけ上げるためにはどうしたらよいか、「今やっていることで、これからも続けようと思うこと」と、「この先、やってみたいこと、できたらよいこと」をあげてもらった。

「今やっていることで、これからも続けようと思うこと」
・Aさんは、現在利用しているサービスを続ける。
・ショートステイを利用し、ときどきガス抜きをしてもらう。
・危険を感じる場面があった場合は、Aさんが市の虐待防止センターに連絡する。

「この後、やってみたいこと、できたらよいと思うこと」
・Aさんの「弟のことが嫌」という面と、「弟にも幸せになってほしい」という両価的な想いをていねいに聴いていく。
・Aさんの興味関心のあることで活動の幅を広げ、楽しめる時間を増やしていくために、移動支援事業で工夫していく。
・弟さんが兄に攻撃的になってしまうことの背景や心理を理解したなかで、支援者は弟さんに向き合っていく。
・生活困窮者自立相談支援機関と協働し、弟さんが社会的役割を得られるような機会をつくる。

11　見通し

　「今やっていることで、これからも続けようと思うこと」としてあげられたものについては、みなさんやっていけるということであった。
　「この後、やってみたいこと、できたらよいと思うこと」としてあげられたものについての見通しを聞いてみた。

・Aさんの両価的な想いを聴いていくということは、生活介護事業、移動支援事業の支援者が関わる場面がAさんのみと話す機会となるので、行ってゆき

やすいだろうということになった。
・興味関心のあることで活動の幅を広げていくことについては、温泉やカラオケなどを移動支援事業で企画していけるのではないかということであった。
・弟さんへの支援に関しては、弟さん自身も社会的役割の獲得を希望しているので、計画相談支援事業所のE相談支援専門員から自立相談支援機関につないでいくことになった。
・また、市の障害者虐待防止センターのほうで月1回、弟さんの話を聴くために訪問しようということになった。

　今回のケース会議で、弟さんに対する関係者の理解が深まり、事業所のスタッフの弟さんに対する陰性感情が明らかに変化したように見えた。今後の取り組みアイディアやその実施見通しについても、よい雰囲気で話が進んだ。

12　現時点でのプラン

　次回のケース会議を3か月後に設定した。それまでの間、取り組みアイディアであがったものをそれぞれ実施していくことを確認した。

【ファシリテーターとしての留意点】

　本人と家族との関係が悪く関係調整が必要であるが、本人も家族もそれぞれが問題を抱えており、そのなかに「虐待」の構造が見られる場合がある。その場合、各関係機関が支援に困難を感じることが多い。そして、家族との関係性の課題から支援の糸口が見えず、支援者として困った末に「虐待通報」となることが多い。虐待者に対する支援者の陰性感情も強くなっており、ともすると支援機関同士の押し付け合いになることもある。

　また、通報されてくる事例の多くが分離といった措置ではなく、在宅生活のなかでの支援となることが多い。そのため、押し付けではない、予防型の多機関協働による支援を展開できるようなチームワークの形成と、具体的な見通しがたち、支援者が「なんとかなりそうだ」と思える機会にカンファレンスの場がなるよう心がけた。

　その他として、参加者の雰囲気を和らげるため、チェックイン（気分調べ）[※1]から始めた。

　ホワイトボードを使って可視化し、参加者の視線を集中させることで一体感を

図った。そのまま写真をとってプリントアウトし、記録とした。

【ファシリテーターの感想】

　本ケースのように、「虐待」という構造のなかには、養護者の問題が含まれているが、単に養護者に対して指導や指摘をしても改善されることは少ない。養護者が不適切な対応に至る背景の理解に支援者は努め、養護者への共感や労いなどを通じて、養護者のエンパワメントを図ることも本人への支援に繋がっていくという事実を確認できたこと、また、支援機関の関係者が協働して対応していくことができるという安心要素を確認できたことが、多機関カンファレンス・シート活用の効果だと思った。ただ、そちらに傾倒しすぎて「危機リスク」の評価がおろそかにならないよう、注意が必要と感じた。

　虐待事例の場合、多機関同士の関係性の質を上げることで、思考の質が上がり、「なんとかなるかも」という気持ちが生じてきて、行動の質、結果の質が上がるという好循環を支援者側が持つことが大事である。多機関カンファレンス・シートによるケース会議は、参加者それぞれの内的対話が促進されることが構造化されている。その点も安心安全なケース会議の場を作りやすいと感じた。

　なお、本事例であるが、計画相談支援事業所E相談支援専門員がカンファレンスの2か月後にモニタリングとしてAさん宅を訪問したところ、Aさんが「市の人が見張ってくれているので、弟からの暴力はない」と言っていたとのことである。

　本ケースカンファレンスの目的は、障害者虐待が疑われる事例について、今後の支援内容を検討することでしたが、ファシリテーターのBさんには、ケースカンファレンスを通して、サービス事業所等のスタッフの弟さんへの否定的な感情が弱まるとよいという想いがありました。その想いはかない、変化が見られたようです。その変化のポイントは、やはり、場の雰囲気づくりとストレングス視点だと思われます。ここでは、前者を取り上げます。

場の雰囲気づくり

※1　チェックインとは、会議の冒頭、参加者全員にひとり30秒ていど、「今の気分」「今気になっていること」など、気楽に話せることについて、一言ずつ語ってもらいます。それをみなが黙って聴くことを通して、お互いの信頼関係の基礎を築いていくことができます。(日本ピアカウンセリングネットワーク www.kma.jp/peer/newpage3.html 。2019年3月30日アクセス。堀公俊『ファシリテーション入門　第2版』日本経済新聞出版社,2018年)

ファシリテーターのBさんは、まず、カンファレンス開始前にチェックインを行っています。これによって、参加者たち、とくに、初めてケースカンファレンスに参加する介護事業所のスタッフたちの、自分たちの支援についてなにを言われるのだろうか、といった不安や緊張感が緩和され、場の硬い雰囲気が少し和らいだはずです。

　そして、Bさんは、支援でうまくいった関わりや、悪くなかった関わりをできるだけあげるように求め、発言に対しては「そういう工夫もやってもらっていたんですね」といったコンプリメント（ねぎらい）をしています。記録係を担当していた基幹相談支援センターのCさんは、「お互い、いい支援をしてきたということがわかった。その都度フィードバックもして、そういうことがあったとしても、こういうことも起きているので頑張っていこう、というふうになった」と、カンファレンスの場がいい雰囲気になっていったことを表現しています。日頃、よりよい支援のために、あるいはまた、うまくいっていない支援を改善するために、いろいろな努力や工夫を重ねても、支援者としてはあたりまえのこと、として周囲からは流されてしまいがちです。その点をねぎらいの形で、肯定的にフィードバックしてもらえれば、嬉しくなるはずですし、気持ちは前向きになるでしょう。

　こうしたよい雰囲気が生まれてくれば、自分とは異なる視点をもつこともできるようになってきます。

　ただ、弟さんへの理解を深め、そのストレングスの部分をさらに発揮できるようエンパワメントしていく過程にあっても、ファシリテーターのBさんの言うように、Aさんの生活状況の悪くない点と危険な点・心配な点の両面をきちんとアセスメントすることは必要です。Bさんが心配しているように、安心要素の確認に安心し過ぎて、「危険」の兆候を見逃してしまうことは防がねばなりません。

　チームで行うモニタリング会議の日を決める、それがむずかしいようであれば、基幹相談支援センターの相談員などがチームマネジャー役を担い、電話等による情報収集と共有の時期を決める、そして、今回のカンファレンスの記録シートに記載してある、安全像や安全到達度およびその理由と、その時点での情報を照らし合わせる。こうしたことも、見逃しの防止になるでしょう。

事例No.7
息子による高齢者への身体的虐待:緊急対応を含む支援プランの作成

【ケースカンファレンス実施日時、場所】
2018年○月○日　14:00〜15:30　市役所カンファレンスルーム

【参加者】
ファシリテーター兼記録係:●委託型地域包括支援センターHソーシャルワーカー（社会福祉士）
事例報告者:●居宅介護支援事業所Iケアマネジャー
参加者:●通所介護事業所J相談員、●短期入所生活介護事業所K相談員、L相談員、市役所Mケースワーカー、保健所N保健師
計7人　　（●は、ケース関与者）

【目的】
　　短期入所生活介護事業所の相談員から、委託型地域包括支援センター（以下、地域包括）に、右腕と背中に濃いあざがあると相談があった。もともと介護者の介護負担が大きいと思われていた事例であったため、地域包括のソーシャルワーカーが、今後の対応を関係者で考えるためにカンファレンスを開催することとした。

【ケースカンファレンスの実際】

1　本日話し合いたいこと（心配ごと・困っていること）

　　ファシリテーターのHから、担当ケアマネジャーのIさんに今困っていること、心配なことを話してもらった。

　　Yさん（女性、78歳）は3か月ほど前から、昼夜を問わず頻繁に外に出ようとする。主介護者である長男さんは対応に苦慮しており、かなり疲れが溜まっていて、イライラしている様子である。今回、ショートステイを勧め、利用となったが、あざについては長男さんが手を出した可能性が高い（あざの写真有り）。Yさん

がショートステイから帰ってきた後、また長男さんが手を出してしまうのではないかと心配している。

2　ジェノグラム・エコマップ

　市役所、保健所以外の機関・事業所は、Yさん家族と直接に接点がある。また、市役所、保健所には、ファシリテーターのHより情報提供をしていたため、家族構成については、長男と二人暮らしで、隣市に次男がいるということを簡単に確認するにとどめた。
　また、Iケアマネジャーより、Yさんの夫は3年前に他界しており、その後、認知症状が出現するようになったこと、長男さんはYさんに対し強い想いがあり、介護を他人に任せることに抵抗があることが語られた。また、次男さんは長男さんの介護の大変さを察する一方で、抱え込んでいることに不安を感じている、介護サービスを利用させたいが長男さんが強く難色を示すため、両者の関係がぎくしゃくしているとの説明があった。

3　支援経過

　Iケアマネジャーに支援経過の概略を話してもらった。

　2年前に次男さんから地域包括に相談があり、介護保険の申請の支援をしている。現在、Yさんは要介護3。認知症状が進行傾向にあり、次男さんが長男さんを説得し、1年前、ケアマネジャーとの契約に至った。その後、次男さんとIケアマネジャーが一緒に長男さんを説得し、主治医からの勧めも功を奏して、週1回デイサービスを利用するようになった。今回のショートステイの利用については、長男さんがなかなか決断できず、次男さんとIケアマネジャーが主治医と連携の上、1年がかりで説得した結果の利用であった。
　Yさんが外へ行かないようデイサービス利用日以外は、ほぼつきっきりで長男さんが介護している。かかりつけ医には月に1回長男さんが連れて行っている。

4　本人・家族のできていること・悪くないこと

　これまでの情報をもとに、Yさん本人や家族のできていることや悪くないことを整理した。参加者からは次のようなことがあげられた。

＜Yさん＞
・ひとりで排泄はできている。
・デイサービスは笑顔で参加し、利用後は穏やかにしている。
・ショートステイではとくに問題は見られなかった。
＜長男さん＞
・家事全般が可能。部屋は非常に片付いている。
・Yさんをとても大事にしている（Yさんにきれいな服を着せている、よく表情を見ているなど）。
・話し好きである（自分のことは聞いてほしい）。
・ケアマネジャーとの関係はよい。
＜次男さん＞
・母と長男のことを客観的に見ている。
・長男さんを必死に説得してくれた。

5　本人・家族の困ったこと・心配なこと

次に、Yさんや家族について心配なこと、困っていることをあげてもらった。

＜Yさん＞
・昼夜問わず落ち着かないことがあり、目を離すと外へ出てしまうことがある。
＜長男さん＞
・趣味の写真のサークル活動を休んでいる。
・自分たちのことは、他人には分からないと壁をつくる。
・常にYさんを監視している。
・カッとなりやすいところがある。
・お金に厳しく出費を抑えている（経済的に厳しいわけではない）。
＜次男さん＞
・長男さんが介護を抱え込んでいることに批判的である。
・長男さんとの関係が悪化してきている。
・これ以上の説得はむずかしいとケアマネジャーにこぼしている。

6　支援者のうまくいった関わり方

　今度は、ケアマネジャーやデイサービス、ショートステイで、うまくいった関わり、悪くなかった関わり、これからもやっていったらよい、という関わりをあげてもらった。

＜Yさんへの関わり方＞
・デイサービスの職員たちが意識的に声をかけるなど、レクリエーションに楽しく参加してもらえるよう心がけている。本人はデイサービスを気に入り、休まず参加している。また、デイサービスでの食事は常に全量摂取している。
・デイサービス、ショートステイにおける入浴の際に、身体状態をチェックしている。

＜長男さんへの関わり方＞
・ケアマネジャーが長男さんの話をよく聴くなどして、長男さんといい関係をつくれている。
・長男さんが難色を示しているなかで、ケアマネジャーが次男さんや主治医と連携し、デイサービス、ショートステイの利用に結び付けている。
・デイサービス利用は、長男さんにとっては気分転換のよい時間となっている。また、デイサービスがYさんにとって居心地のよい場になっていて、帰ってきたときおだやかで落ち着いていられることから、デイサービスについて、長男さんは信頼感を持っている。

＜次男さんへの関わり方＞
・ケアマネジャーが次男さんにもよく連絡を入れ、話し合いをもつことで、ケアマネジャーは次男さんとも、いい関係をつくることができている。

7　支援者のうまくいかなかった関わり方

　うまくいかなかった関わり方について、あげてもらった。

＜長男さんへの関わり方＞
・ケアマネジャーが今以上のサービス利用を勧めても、長男さんが強く難色を示し、なかなか増やせない。ケアマネジャーが、次男さんと一緒に長男さんの介

護負担を少し緩和したほうがよいと、デイサービスを週2回利用することを勧めたら激怒されてしまった。
・長男さんは、次男さんの前では完璧主義を装う傾向が強い。

8 本人・家族の望み

Iケアマネジャーが、本人・家族の望みについて話してくれた。

＜Yさん＞
・認知症状が進んでおり、何を望んでいるのか把握は難しい。
＜長男さん＞
・世間体をかなり気にしており、入所させることは望んではいない。だが、いつかは入所させざるを得ないということはわかっている。
＜次男さん＞
・ふたりにおだやかに過ごしてほしいと願っている。現状ではYさんの入所を希望している。

9 安全像と安全到達度

これまで出された情報と、ご本人たちの望みをもとに、Yさんと長男さんが現時点で安心して安全に暮らせる状態はどのような状態かをイメージしてもらうため、参加者一人ひとりに「どのような状態であれば、あるいはどのような条件がそろえば、みなさんがこのふたりを安心してみていられるでしょうか」と聞いた。みなさんからは以下のような回答があった。

Iケアマネジャー：長男さんがしっかり休める日が必要で、デイが週2日ほどあれば、疲れもとれイライラ感もとれるのではないか。
デイサービスJ相談員：長男さんの暴力が起こらないこと。
ショートステイのK相談員：ショートステイを増やし、長男さんがもっとしっかり休養をとり気分転換が図れること。
ショートステイのL相談員：デイサービスをもう1日増やし見守りの機会を増やすこと。

市役所のMケースワーカー:予定したサービスをキャンセルすることなく利用できること。
N保健師:長男さんが再び写真サークルに参加して活動すること。
Hファシリテーター:長男さんが夜しっかりと眠れることが大事。

次に、「今、みなさんにあげていただいた安全・安心の状態像をすべて網羅したものを10点満点として、危険で即、介入が必要な状態を0点とした場合、みなさんは、今のYさんと長男さんの状態に何点を付けますか、その点数を教えてください」と尋ねた。また、「その理由も教えてください。点数はバラバラでかまいません」と伝えた。

Iケアマネジャー:3点。長男さんが暴力をふるう可能性がまだ高いと思われる。
J相談員:3点。デイサービス利用日以外、長男さんはYさんにほぼつきっきりの介護状態で、長男さんに余裕が感じられない。
K相談員:3点。長男さんの気分転換の機会が乏しく、Yさんの状態によってはイライラ感が増長するリスクが否定できない。
L相談員:3点。イライラ感を吐き出せる機会があるとよい。
Mケースワーカー:5点。デイサービスを休まず参加できているので、あざの発見などにつながる可能性がある。
N保健師:3点。長男さんの睡眠時間もまだ確保できておらず、過労気味である。
Hファシリテーター:3点。Yさんの夜間の活発な活動があり、長男さんは落ちついて眠れていない。

10　今後の取り組みアイディア

みなさんにあげてもらった現時点での安全度の点数を1点でも上げるためにはどうしたらよいか、「今やっていることで、これからも続けたほうがよいと思うこと」、「この後、新たにやってみたいこと、できたらよいこと」を分けて話してもらった。

「今やっていることで、これからも続けようと思うこと」
・デイサービス、ショートステイのキャンセルなしでの継続利用。

- Yさんにとっての心地よいデイサービス利用。
- Yさんの状態確認(デイサービス、ショートステイ、ケアマネジャーの訪問時等)
- 長男さん、次男さんとケアマネジャーの良好な関係の継続。
- ケアマネジャーによる長男さんの想いの傾聴。
- 支援者間の円滑な連携の維持(情報の共有、必要に応じてのカンファレンスの開催)。

「この後、やってみたいこと、できたらよいと思うこと」
- デイサービスやショートステイ送迎時等でのスタッフによる長男さんへの声掛け(「お疲れじゃないですか」と言った気遣いの言葉)、長男さんの状態の確認。
- 次男さんがいないところで、ケアマネジャーから長男さんにさりげなくサービス増を勧める(次男さんがいると完璧主義を装うため)。
- タイミングを見て、ケアマネジャー、次男さん、主治医が連携して、念のためという理由で、特養の申請を勧める。
- Yさんが夜眠れるようにできないか主治医に相談するよう、ケアマネジャーから長男さんに勧める。
- デイサービス、ショートステイで顔に明確なあざを発見した場合には、市、地域包括、ケアマネジャーに即、連絡する。その場合、家に戻さず、緊急ショートステイを利用。現在使っているショートが利用できなければ、市のほうで探す。

11 見通し

「今やっていることで、これからも続けようと思うこと」としてあげられたものについては、みなさんやっていけるということであった。

「この後、新たにやってみたいこと、できたらよいと思うこと」としてあげられたものについては、「すぐにできそうか」と見通しについて聞いたところ、ケアマネジャーから長男さんにサービス増を勧める際には、主治医と事前に打ち合わせをした上で、受診時に同行し、主治医と一緒に長男さんに提案するほうがいいのではないかとの話になった。可能なら特養の申請についても、一緒にできればという話になった。

やむを得ず分離を検討する場合、Yさんがデイサービス利用中であれば、いったん家に戻すことはせず、そのまま入所施設に送る形をとることになった。

12 現時点でのプラン

今後の方針について、しっかりと案が出たので、これらを確認してカンファレンスを終了した。

【ファシリテーターとしての留意点】
ケアマネジャーやサービス担当者が支援において、工夫しているところや頑張っているところがたくさんあり、うまくいっているところにできるだけ着目し、具体的に言葉で表現し、「よくやってますね」、「なかなかできることではないですね」と声をかけ、コンプリメントするように心がけた。

安全像と安全到達度を確認する際、意見や点数は参加者それぞれまったく異なってもかまわないこと、意見が異なってもカンファレンスにはまったく問題ないことを繰り返し伝えた。

【ファシリテーターとしての感想】
まず、できていることに着目していくため、現時点での支援内容について、関係者全体がまんざらでもないという気持ちになってくるのがわかった。否定的な意見がないことで全体的になごやかにカンファレンスが進行できたように思われた。

シートに沿ってカンファレンスを進めていくうちに、途中で解決策が見えて来ることがある。それをシートの端に書き留めておくことで、最後のプランをスムーズに決めることができた。参加したケアマネジャーからは、有意義なカンファレンスだったとの感想の声が聞かれた。

カンファレンスから約1か月、まだサービス増とはなっていないが、主治医から眠剤が処方され、Yさんが夜間に活動することがほとんどなくなった。あざが見られることもなく、比較的落ち着いた状態が続いていた。だが、その後、デイサービスで顔のあざが発見され、デイからすぐに地域包括に連絡が行き、ショートステイ入所となった。今後は、特養入所を勧めていくことになる。

ポイント解説　身体的虐待事例で、再発のおそれが強い大変心配な事例であるにもかかわらず、カンファレンスにおいてプランの検討が円滑に進み、カンファレンス後もプランに従った対応ができた本事例のポイン

トは、「なごやかな雰囲気」と「チーム意識」の生成だと思われます。ここでは、後者を取り上げます。

「チーム意識」の生成

　ケアマネジャーのIさんは、カンファレンス後のインタビューで、「みなさんが集まって共有できたことで、チームで支えているという印象がより強くなった。これまでも自分ひとりで抱え込むわけではなかったが、みなさんとの連携の意識が強くなった。なにかあったときには、連携してもらえるという気持ちになれた。ひとつのケースをみんなでやっていきましょう、という感じ」と語っています。また、別の参加者は、「関係者と顔を合わせたときに、『動きはないよね、大丈夫だね？』といった会話をするようになった」と話していました。

　こうした発言から、カンファレンスを通して、このチームのみんなで支援していくのだという「チーム意識」が生まれていると想像できます。この意識をもつことができたので、Iさんは「精神的に楽になったかもしれない」と思うことができ、カンファレンス後も頑張ってYさんや長男さんを支援しています。そして、この意識は、関係者に慎重なモニタリングを促し、緊急時におけるデイサービス、地域包括、ケアマネ、ショートステイ、市の機関間での迅速な情報共有と対応を可能にしています。

　参加者のひとりは、「家族のいいところはなにか、支援者ができていることはなにかを具体的に出して、みんなで共有できると前向きになれて、協力をしよう、連絡をしよう、というふうに話がなっていく」とも言っています。ストレングス視点は、なごやかな雰囲気づくりに貢献するだけでなく、参加者に前向きな姿勢を生み出し、自発的に協力し合う意識の創出にも貢献しています。

事例No.8
障害のある夫への虐待事例:夫・妻への支援方法の検討

【ケースカンファレンス実施日時、場所】
2018年○月○日15:00〜16:30、市役所内会議室

【参加者】
ファシリテーター:保健所Оソーシャルワーカー(精神保健福祉士)
記録係:相談支援センターP相談支援専門員
事例報告者:●Y相談支援センターQ相談支援専門員
参加者:●市役所●Rソーシャルワーカー(精神保健福祉士)・●S事務職、●障害者基幹相談支援センター●Tソーシャルワーカー(社会福祉士)・●Uソーシャルワーカー(精神保健福祉士)・●Wソーシャルワーカー(精神保健福祉士)、●Z相談支援センター●M相談支援専門員・●X相談支援専門員
計11人　　(●は、ケース関与者)

【目的】
　障害福祉サービスは、障害者総合支援法に基づいて事業が組み立てられている。法律の構造は介護保険法に準じており、福祉サービスの利用には、市役所への申請、市役所による調査、相談支援専門員による計画作成、福祉サービスの利用へと進んでいく。相談支援専門員は、高齢者福祉における介護支援専門員、障害者基幹相談支援センターは地域包括支援センターに準じるもので、名称は異なるものの、職種、機関の役割に大きな違いはない。

　今回は、精神科病院に通院中のEさんの肘にあざがあることを通所している就労系事業所職員が発見し、市役所に通報が入った。相談支援専門員、市役所、障害者基幹相談支援センターが介入するものの、同居の家族、本人との関わりがうまく築けず、どう支援していくか悩んだQ相談支援専門員より市役所にケースカンファレンスの依頼があり、開催することにした。

【ケースカンファレンスの実際】

1　本日話し合いたいこと（心配ごと・困っていること）

ファシリテーター（以下ファ）：それでは、これよりカンファレンスを始めたいと思います。まずは、事例報告者のQさんより、話し合いたい心配ごと・困っていることについてお話をいただけますか？

Q相談支援員（以下Q）：はい。事例は、私が勤める法人が運営している就労系事業所に通っている40代の男性です。奥さんと小学生の娘との3人暮らしで、発達障害の診断を受け、精神科病院に通院しています。今回、本人の肘にあざが見つかりました。これまでの経過等から奥さんがやったのではないかと思います。その後はあざを発見することはありませんが、この事例に対して自分自身がなにかができたという実感はなく、今後も同様の状況が起こるリスクもあるのかと思い、みなさんと検討ができればと思います。

ファ：ありがとうございます。他に、Eさんに関わっている方はいますか？　市役所のRさんですね。Eさんについて話し合いたい心配なこと・困っていることはありますか？

Rソーシャルワーカー（以下R）：事業所からの通報は私が受けました。通報を受け、課内で協議し、基幹相談支援センターと一緒に自宅へ行き、奥さんとも話をしました。奥さんは、Eさんに話をしても理解しないから叩いてしまったと話していました。一方、本人に話を聞くと、自分が悪いと話していました。あざ自体は大きなものではなく、こちらがなにか介入するにしてもなにをしてよいのかと悩み、今も経過を見ています。

ファ：他にはEさんと関わりのある方はいますか？　基幹相談支援センターのTさんもそうですか？

Tソーシャルワーカー（以下T）：はい。通報後に私も自宅へ行きました。以前から奥さんの本人への関わりがキツイとの話は事業所から聞いていました。ですが、本人は、奥さんの話を理解できない自分が悪いと話すばかりで、今回も通報した事業所職員に「なんで市役所に連絡をしたのか」と話していました。まわりから見たら、介入の必要があると思えるものの、当事者である本人・家族にその認識がないなかで、どのように関わったらよいのか、困っています。

2　ジェノグラム・エコマップ

ファ:そうですか。そのことについては、カンファレンスを通して、話をしていきましょう。
それでは、Rさんについてジェノグラムやエコマップ等、Qさんの方から少し説明をしていただいていいですか?

Q:はい。先程もお話をしましたが、Rさんは奥さんと小学生の娘との3人暮らしです。Eさんの実家は市内にありますが、実家に住む両親との関わりはありません。Eさんは高校卒業後、一度は会社に勤めるものの、人間関係を築くことが上手くできず、退職。その後は、両親に説得され、精神科病院を受診し、発達障害の診断を受けました。精神科病院には月1回受診し、頓服の薬をもらっています。現在は就労系の事業所に週5日通っており、2級の障害年金を受給しています。奥さんは仕事をしておらず、日中は家にいます。

ファ:ありがとうございます。RさんやTさんのほうで追加の情報はありますか?

T:Eさんと奥さんのみで、この家族を支える人がいないため、Eさんの両親や奥さんの両親に連絡を取ろうとしましたが、奥さんの両親には連絡が取れていません。Eさんの両親については、連絡は取れたものの、お金のことで以前にもめたことを理由に、一切関わりを持ちたくないと話していました。

ファ:お金のことでもめたというのは?

T:奥さんがEさんの両親に、「できの悪い子どもを私が面倒見ているのだから、生活費の援助をして」と連絡をしてきて、そのときは両親も小学生の娘のことを考え、お金を渡したようですが、それが続いたことから、関わりを拒否するようになったそうです。

ファ:他にありますか?

M相談支援員(以下M):先日、娘の通う小学校から市の子育て支援課に連絡がありました。娘にも発達障害があって、小学校で癇癪を起こすことがあるそうです。担任がどのように関わったらよいかわからないと話していました。

3　支援経過

ファ:ありがとうございます。では、次に支援経過について、説明していただいてもよいですか?

Q：私は、受診をした精神科病院の相談員より、勤務する法人が運営する就労系の事業所に通わせたい人がおり、相談に乗ってほしいとの連絡を受け、関わるようになりました。市役所や基幹相談支援センターに連絡を入れ、私の方で計画を作成することになりました。Eさんとは通院中の病院で会いました。就労への意欲も高く、「早く一人前になりたい」と話していました。Eさんの希望を受け、週5日の計画を作成しました。事業所には休まず通所するものの、作業にムラがあり、疲れてくると休憩室で休むこともありました。その様子から、通所日数を減らすことを計画のモニタリング時にEさんに話をしますが、Eさんは週5日にこだわり、現在に至るまで減らしたことはありません。

ファ：モニタリングのときは、奥さんも来られますか。

Q：はい。来てくれます。ただ、Eさんのことについては、「日中家から出てくれればよい」と話し、それ以上は話しませんでした。

ファ：Rさんは、今はどのような関わりをしていますか？

R：元々、月に1回はモニタリングも兼ねて、事業所に訪問し、Eさんと会っていました。Eさんと会っても、Eさんは「そのままでよいです。早く一般就労したい。」と話すばかりです。市への通報があって以降は、事業所への訪問以外に、月に1回自宅へも訪問しています。ただ、私が行くと、奥さんに嫌な顔をされることを気にして、Eさんはいつものようには話をしてくれません。

ファ：ありがとうございます。経過について、Tさんの方からはいかがですか？

T：Qさんが自宅へ訪問する際に、最初は私も同行していました。家では、家事はすべて奥さんがしており、娘の面倒も奥さんがしています。奥さんに訪問時に話を聞いたところ、「私は本人に騙された。出会ったときに、発達障害があるなんて言われなかった」と話していました。私の方では現在、訪問しておらず、関わってはいません。

ファ：ありがとうございます。Mさんの方からはいかがですか？

M：私はEさんのことではなく、娘のことで先日、訪問しています。訪問時はEさんもいましたが、奥さんと私たちとの話には入りませんでした。奥さんは、「娘が癲癇を起こしたときにどうしたらよいかわからない。夫に協力してもらいたいが、あの人は何もできない」と話していました。娘のことについては、こちらでも定期的に訪問することにしました。あと、娘が担任に「うちのパパはバカ。だか

ら、ママに怒られる」と話したとの情報が学校から入っており、奥さんがEさんにしている対応を見て、娘自身もEさんに同じような対応をしているかもしれません。

ファ:ありがとうございます。他の方でなにか聞きたいことがあれば教えて下さい。

Eさんの外見を教えていただけますか？

Q:細身の体型で、顔は俳優の●●に似ています。身なりを気にして、いつも綺麗な服装をしています。

ファ:他の方からいかがですか？

Wソーシャルワーカー(以下W):経済的にはどのようになっていますか？

Q:お金は、2級の障害年金と児童手当のみです。奥さんも、以前は洋服店で働いていたようですが、現在は働いておらず、実家からの援助もないと思います。

4　本人・家族のできていること・悪くないこと

ファ:ありがとうございます。次に、Eさん・奥さんのできていること、悪くないことはいがですか？

Q:Eさんは就労系事業所に、休まず通っています。就労に対する意欲も高いです。一般就労の希望も持っています。奥さんは家事を担っており、娘を育てています。少ない生活費でやりくりをしています。

ファ:そうですか。Eさんは一般就労に特別な想いがあるのですか？

Q:Eさんはよく「一人前になりたい。給料をもらい、家族を養いたい」と話しています。これまでまわりに認めてもらえなかったから、認められたいのだと思います。

ファ:他はいかがですか？

T:Eさんは定期的に通院しています。他の利用者とトラブルになることもありません。奥さんについては、Eさんを叩いてしまったことを私たちに話しています。また、訪問を拒否することはありません。

ファ:他はいかがですか？

M:娘は発達障害がありますが、小学校には休まず通っています。

5　本人・家族の困ったこと・心配なこと

ファ：ありがとうございます。
では、逆にEさん・奥さんの、困ったこと・心配なことはいかがですか？
Q：Eさんは、一般就労がしたいのに、できないことを心配しています。まだ、一般就労は早いとまわりが言っても、ダメです。
ファ：奥さんはEさんの一般就労への希望について、なにか話されていますか？
T：奥さんは、「一般就労なんてできるわけない」と話しています。奥さんは言いませんが、現在、障害年金をもらっているため、Eさんが一般就労をし、年金がもらえなくなると困ると思っているのではないかなと思います。
ファ：それは、どのようなところからそう思うのですか？
T：以前、奥さんが「あの人は年金をもらっているから、一緒に暮らしている。年金がないなら、一緒にいない」と話していました。
ファ：そうですか。Eさんは認められたい。でも、一番Eさんが認められたい奥さんは反対。Eさんと奥さんとの間でボタンの掛け違いが起きていそうですね。
T：はい。
ファ：他はいかがですか？
M：奥さんは、娘の対応で困っています。訪問したとき時も、どうしたらよいかわからないと話していました。
ファ：今、みなさん以外に奥さんが娘のことで話ができる人はいますか？
M：いないと思います。友だちにも、娘の障害のことは話をしていないと話していました。
ファ：なにか、みな、それぞれ困っていそうですね。

6　支援者のうまくいった関わり方

ファ：ありがとうございます。次に、支援者のうまくいった関わり方はいかがですか？
Q：虐待後の初回の自宅への訪問では、「なんで家まで来た」とEさんも怒っていましたが、その後の定期の訪問では怒ることもなく、事業所でのできごとなどを話してくれています。奥さんも拒否することもなく、自宅に入れてくれています。
ファ：初回の訪問と今の訪問で違うところがありますか？

T:初回は虐待という話なので、事実確認をしなければならないと思い、Eさんに細かく話を聞いていました。今から思えば、しつこく、Eさんからすれば何か悪いことをして責められているように感じたかもしれません。今は定期的に訪問しているので、お互い緊張せず話ができているように感じます。
ファ:それは奥さんともですか?
Q:奥さんについては、私はEさんの支援者なので立ち位置がむずかしく、奥さん自身もまだ少し構えている感じがします。
ファ:それはどこから感じますか?
Q:私が訪問に行くと、洗濯物を取り込んだり、娘の所に行ったりして、私と会うのを避けている感じがします。
ファ:他はいかがですか?
M:奥さんについては、Eさんのことではなく、娘のことであれば、話を聞いてくれます。
病院で開催している家族教室のチラシを持って行ったら、受け取ってくれました。

7 支援者のうまくいかなかった関わり方

ファ:ありがとうございます。次に、支援者のうまくいかなかった関わり方はいかがですか?
T:先程の話と重なってしまいますが、Eさんに希望している一般就労の話を否定するような話をしたり、こちらが虐待だと思い、それについて聞きだそうとしたりすると嫌がります。
ファ:他はいかがですか?
Q:奥さんについても、虐待をしているとこちらが思い、聞きだそうとすると拒絶されます。

8 本人・家族の望み

ファ:ありがとうございます。次に、Eさん・奥さんの望みはいかがですか?
Q:Eさんの望みは、一般就労をし、一人前の人間になることです。話をしていて、Eさんは一生懸命、家族に認められようと頑張っているのだなと思いました。

ファ:奥さんはどうですか?
M:奥さんは、娘が癇癪を起こしても困らずにすむことを望んでいると思います。

9　安全像と安全到達度

ファ:ありがとうございます。次に、安全像について話を進めたいと思います。まあまあよいと思える安全像はどのようなものですか?
M:奥さんが娘の対応が分かり、娘の癇癪も減った状態。
ファ:他にはいかがですか?
Q:Eさんが休まず事業所に通い、困ったことを支援者に話ができる状態。
ファ:他にはいかがですか?
T:奥さんも、困ったことを支援者に相談できる状態ですね。
ファ:ありがとうございます。次に、安全到達度ということで、介入が必要な状態を0点、安全・安心な状態を10点とした場合、何点をつけますか?　点数とその点数をつけた理由を教えて下さい。
M:7点。Eさんと定期的に相談支援専門員が会えていて、普段の様子等の会話ができているから。
W:8点。Eさんとも話ができているが、奥さんも娘のことで訪問を受け入れ、話ができているから。
ファ:他の方はいかがですか?
R:7点。他の方と理由は同じです。
ファ:他の方はいかがですか?
Q:5点。確かにEさんも奥さんも支援者と話ができるようにはなったけど、そもそもの話として虐待のリスクはまだあると思うから。
ファ:他の方はいかがですか?
T:6点。それぞれと話はできるようになったけれど、Eさんと奥さんとの間での話ができていないから。

10　今後の取り組みアイディア

ファ:ありがとうございます。今後の取り組みアイディアについては、これまでの話のなかにも出てきたようにも感じます。いかがですか?

Q:これまで、一般就労したいとのEさんの希望については、事業所内での状況を見て、待つようにとだけ話をしてきましたが、Eさんの認められたいとの気持ちを受け止め、改めてEさんと仕事について話をしてみたいと思います。
ファ:他の方はいかがですか？
M:奥さんはEさんに手をあげてしまう虐待者と見られてしまうが、発達障害の娘を育てることに困っている母であり、発達障害の夫と暮らし、苦労している妻でもあると思います。そのような視点で妻と話をしてみると、展開が変わってくるように思います。
ファ:他の方はいかがですか？
R:Eさんと奥さんへのそれぞれの話が進んだところで、Eさんと奥さんも交え、一緒に話をする機会が持てるとよいように思います。

11　見通し

ファ:ありがとうございます。他にいかがですか？　Qさん、できそうでしょうか？
Q:やれそうな気がします。

12　現時点でのプラン

ファ:他はいかがですか？　大丈夫でしょうか？　予定の時間になってきました。まずは、今あげていただいたことをやってみた上で、再度カンファレンスを開催したいと思いますが、皆さんいかがですか？　どのくらい間を空けて、カンファレンスを開催したらよいですか？
Q:Eさんとは今週、話をする予定です。奥さんの所にはMさんが来週に話をするので、3週間後にお願いします。
ファ:では、3週間後の〇月〇日〇時に次回のカンファレンスを開催したいと思います。
本日はありがとうございました。

【ファシリテーターとしての感想】
　　AAA多機関ケースカンファレンスは高齢者虐待を想定して開発されたものだ

が、障害者虐待にも活用できるのではないかとの考えから、実践した。虐待事例の検討を進めていくと、誰が虐待者で、誰が被虐待者であるのかわからなくなる事例に出会う。私たちはどうしても虐待という言葉に引っ張られ、犯人探しをしてしまうが、見方を変えれば、虐待と被虐待という関係だけでは捉えることがむずかしい、家庭内の構造があることに気づく。AAAは犯人探しをせず、虐待者として見られがちな養護者への支援の視点が入っていることが優れていると感じた。

ただ、養護者の支援に比重が置かれすぎてしまうと、リスクの評価が疎かになってしまう。今回の事例のように、虐待の状況を外部が認識しにくい事例については、養護者の支援にばかり話が流れることを防ぎ、リスクの評価、確認をカンファレンス時に行うことが大事だと感じた。

本ケースカンファレンスは、障害者虐待のリスクがある家族に早期介入を試みるものの、当事者たちに問題意識がなくうまく関われないので、どのように支援していくのがよいかという主担当者の悩みを解決するために行われました。カンファレンスの最後に、主担当者は「やれそうな気がします」と答えています。このカンファレンスがうまくいったポイントは、問題のリフレーミングを行ったことと、「話す」と「聴く」を原則通り分けたことだと思われます。

問題のリフレーミング

主担当者やその他の支援者たちは、カンファレンス開始当初から「本人・家族の困ったこと・心配なこと」まで、Eさんと奥さんのそれぞれの問題を中心に語っています。しかし、ファシリテーターの、「Aさんと奥さんとの間でボタンの掛け違いが起きていそうですね」という発言や、「なにか、みな、それぞれに困っていそうですね」といった発言あたりから、ふたりは自分たちの問題を認めない「困った人たち」ではなく、週5日の就労をなんとか頑張っているのに家族から認めてもらえていないEさん、年金がもらえなくなったらという経済的な不安と、夫と同じ障害をもつ娘についての不安や悩みをもつ奥さん、という「みなそれぞれに悩みを抱えた家族」として、参加者から捉えられるようになっています。同じ状況をそれまでとは違う見方で捉えることによって、意味付けが異なってくる。これがリフレーミングです。

このリフレーミングが、参加者に違和感なく受け入れられたのは、それまでに、みなでEさん、奥さんのストレングスを見出していたからでしょう。このあとのセクションでは、この変化した捉え方に基づいた発言がなされ、現時点でのプランを確認しています。

　「話す」と「聴く」の分離

　本ケースカンファレンスの参加者10人のうち、6人の方にインタビューでき、カンファレンスの感想をお聞きできましたが、みなさん、ファシリテーターの進行を「テンポよくカンファレンスが進み、終了後にスッキリとケースが落ちた感覚があった」などと高く評価されていました。

　カンファレンスで発言していたのは、主に事例に直接関与している5人ですが、5人が次々に発言していたのでは、カンファレンスはスムーズに、テンポよく進みません。実際には、参加者間でのやりとりもあったと思いますが、基本的に、ファシリテーターが質問をし、ひとりの参加者が答える、それについてファシリテーターがさらに質問をする、あるいは、「他はいかがですか」と聞く、といった一問一答の形式でカンファレンスが進んでいます。AAA多機関ケースカンファレンスの5原則のひとつである、【「話す」ことと「聴く」ことを分け、話し合いの＜余地＞を拡げよう】に忠実に従ったやり方です。これにより、参加者はファシリテーターと他の人のやりとりをよく聴き、気づきを得て話すことができた。それが、カンファレンスが混乱することなくスムーズに進んだ理由と考えられます。

> 事例No.9
> 在宅生活継続希望の認知症単身高齢者：地域ケア会議で関係者間の方針統一

【ケースカンファレンス実施日時、場所】

2018年○月○日　14:00～14:40　委託型地域包括支援センターの会議室

【参加者】

ファシリテーター兼記録係、事例報告者:●委託型地域包括支援センターR看護師
参加者:●A司法書士（Uさんの保佐人）●居宅介護支援事業所Bケアマネジャー、●X訪問介護事業所Cサービス提供責任者、●Y訪問介護事業所Dサービス提供責任者、●福祉用具事業所E職員、●F民生委員、●G主治医、●訪問リハビリテーション事業所スタッフ
計9人　　（●は、ケース関与者）

【目的】

　Uさんの希望する通り、このまま家で安全に暮らすために関係者の意思統一を図ること。
　2017年○月に第1回カンファレンス開催後、成年後見人制度を利用するため、ファシリテーターを務めるRがUさんの話を傾聴して信頼関係を築き、翌年1月に保佐人を決定することができた。保佐人となったA司法書士が財産の管理を行うこととなり、Uさんは認知症の症状の進行が見られるものの、被害的な内容の発言は少なくなり、落ち着いた生活を過ごしている。しかし、支援の関係者のなかに、ADLの低下、認知機能の低下により、ヘルプサービスを増やすなど、サービスの工夫で自宅生活の継続は可能と考える者と、施設のほうが安全と考える者がいた。この両者のズレによって、本人の「このまま家でのんびり暮らしたい」という意思が注目されず、生活上の危険に注目するあまりサービスに過不足が生じることが懸念された。そこでRの呼びかけで、地域ケア会議を開催することになった。

【ケースカンファレンスの実際】

1　本日話し合いたいこと（心配ごと、困っていること）

　ファシリテーターであるRより、会議の目的を説明し、関係するみなさんで情報の共有と今後の支援の方向を一致していきたいことを伝える。そのあと、参加者それぞれが話し合いたいと思っていること、心配ごとなどを言ってもらった。

＜G主治医＞
　処方内容を変更したことにより、以前ほどイライラした様子は見られなくなり、このまま自宅で生活が可能だと考える。転倒リスクは以前より高くなっているが、本人は、今の生活に満足している。また、抗うつ剤の使用により精神的にイライラがなくなり、気持ちも落ち着いてきている。

＜Bケアマネジャー＞
　介護保険のサービス上限まで使っているが、なお自費も発生しているため、もう施設のレベルと考える。何か事故があってからでは遅い。認知症が進み、物忘れが以前よりひどくなっている、誰でも家に入れるので心配である。ときどき外に出てしまい、交通事故に遭うかもしれない。現状では、ヘルパーは午前と午後に各1回で、日曜日はどちらか1回というサービスになっている。これ以上サービスを増やすことはできない。施設のほうが、24時間誰かの目があり安心だと考える。

＜A司法書士＞
　本人がこの生活で落ち着いているので、このままみることができればよいと考えている。施設も昨年、いったん入所を決めたところは、本人の自由となる空間が狭く自宅とは随分違うので、施設をもう一度探しながら、ギリギリまで家で生活をできるようなサービスをケアマネにお願いしたい。経済的にも余裕はあるので本人のため必要であればさらに出すことは可能である。

＜F民生委員＞
　ひとりで暮らしているし、元々近所づきあいもあまりないほうである。施設に入ってもらったほうが安心だが、昨年のように被害的なことは言わなくなっているし、穏やかになってきている。

＜各サービス事業所のサービス責任者＞
このまま自宅で生活をできるようにサービスの工夫は可能ではないか。

2　ジェノグラム・エコマップ

ファシリテーターのRとBケアマネジャーで、改めてUさんの事例概要を報告した。

対象者:Uさん82歳、男性、自宅で一人暮らし
診断名:脊柱管狭窄症、認知症、白内障(見えにくい)、老人性難聴(大声でかろうじて聞こえる)
家族構成:幼児期に祖父に預けられ、両親とはその後の交流もなく身内とはあまり縁がなかった。兄弟は弟がひとりいるが、Uさんの被害妄想の対象となっている。
　古くから交流のある知人に、家の修理を依頼して、その都度修理代といっては、高額を請求されて支払ってきた。近所のマンションに友人もいるが、お互い足腰が不自由であり、交流は少ないようだ。
　ヘルパーや訪問リハ、宅配弁当の配達員、福祉用具のスタッフなどが出入りしている。
生活歴:祖父に育てられ、常に自分で働いて生計をたてていた。戦後は、知人・友人の伝で、ひとりで自営業を営み、財を築いた。Uさんは、そのことを誇りに感じている。自分が信用した人への信頼は厚いが、初対面の他人への不信感が強い。とくに通帳やお金に関することを人に任せることはない。人への頼みごとはすべてお金を支払って行ってきたとのこと。こうした生活は、変わらずに続いている。

3　支援経過

支援経過については、Rより概要を説明した。

2016年○月にBケアマネジャーが、地域包括支援センターにUさんの成年後見制度の利用相談に来所した。物忘れや被害妄想が強くなり、一人でいろいろ

な判断をすることがむずかしくなっているので、そろそろ利用したいとのこと。その後、成年後見制度の利用のために地域包括が支援を開始したが、Uさんが不穏になり周囲に「知らない人が来て…」と訴えるようになった。Uさんに関わる人が新しく増えたために不信感の表れと考え、一時支援を中断することになった。Uさんの不穏状態に成年後見制度の利用手続きの影響が大きく関係していると判断、地域包括の支援担当者をR看護師に交代した。

中断から約3か月後、関係者を集めてカンファレンスを開催する。このときは「弟がお金を黙って持っていく」といった被害妄想がとくに強くみられ、他人への不信感も強くあった。また、昨日のことも忘れることが多くなり、本人から「施設に入ろう」という言葉が聞かれた。そこで、入所の準備を行うこととなり、入所まで在宅で安全に暮らすためにどうするかという目的で、第1回目のカンファレンスを開催。その結果、Uさんの同意のもと、施設入所と成年後見制度の準備を進めていくことになった。

Uさんの様子を見ながら、成年後見制度の話や手続きを本人と一緒に行うことで、前回のような不穏行動は見られず、成年後見制度の利用を開始することができた。ファシリテーターであるRは、表情も穏やかでこのまま在宅生活を継続できるだろうと考えていたが、関係者のなかから、在宅生活の継続に困難を感じる声もあったため、第2回目のカンファレンスを地域ケア会議として開催することになった。

4　本人のできること・悪くないこと

参加者のみなさんに、Uさんのできていることをあげてもらった。

Uさんのできることは、台所から食器に移した食事を運ぶこと。お茶を湯飲みに入れて運ぶ。自宅内を不安定だが、つかまらずに移動できる。階段も上がり降りする。洗濯も行い、干すこともできる。排泄も失敗なく行っているなど、身の回りのことは行うことができる。長年住み慣れた家であるため、動線が決まっていることが大きく影響をしている。ヘルパーさんを頼りにしていて「来ないと困る」と言っている。

5　本人の困ったこと・心配なこと

次いで、Uさんの困ったこと・心配なことについても、みなさんにあげてもらった。

置き忘れが多く、いつも何かを探している。目がかすんでよく見えない。耳の聞こえも悪く玄関のチャイムが聞こえない。ゴミをもって自宅から出てくるが、ヨタヨタして危ない。

6　支援者のうまくいった関わり方

ファシリテーターであるRがうまくいった関わりを話したあと、みなさんに支援のなかでうまくいったことをあげてもらい、ホワイトボードに書き上げていった。

・RがUさんに、保佐人となったA司法書士を、「お国から財産を管理するように頼まれた人」と説明したところ、UさんはすんなりA司法書士に通帳を渡し、名義の変更にも応じた。
・夕方訪問すると、とくにうれしそうで、交渉ごとはうまくいく。
・関係者の入っていく場所が決められており、そこから入れば、拒否されることがない。
・大事なことや頼みごとをするヘルパーを本人が決めているので、その人のヘルプで受診や手続きのための外出を行っている。
・本人が寝ていて返答のないときは、本人に言われている場所から声をかけると起きてくる。
・ゴミの日に声かけして、ゴミを出してあげるとうれしそうな表情になった。

　各事業所から、こういうことをやってきたという話が出され、今やっていることの全体がわかってよかったという感じになった。また、サービスを入れられないというときもあったという話が出ると、そういうときはこういうふうになっていたからだとか、自分たちはこうやったらうまくいったとか、ヘルパーさんたちが言ってくれた。また、訪問リハのスタッフもうまくいったことをたくさん言ってくれた。こういう成功体験を聞いて、やれているのでいいよね、という感じを全体で共有することができた。ただし、Bケアマネジャーだけが、今一つ、という感じで

あった。

7　支援者のうまくいかなかった関わり方

うまくいかなかった関わりとしては、以下のような点があげられた。

・ヘルパーが食べ物の好みを細かく聞いたら、面倒くさそうな表情をされた。
・寝ているとなかなか返事がなく、家に入ることができなかった。
・午前中に細かな説明をすると拒否されてしまう。
・入浴予定で訪問したヘルパーに、本人が、「今日は、入浴はいいから、2階の片づけをしたい」と言われ、説得したがだめだった。プラン通りのサービスを行おうとしても本人に予定があるとそちらが優先されてしまう。プラン通りにいかないので困る。

　入浴拒否のときには、ヘルパーがBケアマネジャーに相談し、結局、2階の片付けをしたとのことであった。この件について、もう少し話を聞いてみると、Uさんの片づけをしたいという希望については、それまでも各事業所のヘルパーが聞いていたが、返事だけで誰も対応していなかった。そこで、Uさんが信頼するヘルパーが来たときに取った行動であることがわかった。

　この話を受けて、Rより、「Uさんは、自分に関わってくれる人々の役割を自身で決めており、ヘルパーさんのことを事業所のサービスで入る人というのではなく、ひとりの人として付き合っているのではないか、今日来てくれる人を心待ちにしているのではないだろうか」と話し、Uさんが自宅での生活に満足していること、それを支えているのが関係者のみなさんであるということを伝えた。

8　本人の望み

　本人の望みを改めて確認したところ、サービス提供責任者のCさんから次のような発言があった。

　ヘルパーによると、最近、Uさんは、「前みたいに転んで骨折するかもしれないけど、このまま家で暮らしたい。そんなに長く生きないと思うから。みんなが来てくれるから安心だよ」と話しているとのこと。

9　安全像と安全到達度

　ここまでの情報で、Uさんはこのまま自宅での生活を続けられるのがよいということで、全体の意見がほぼ一致したので、現状はこうだけれど、将来も安心安全に暮らせるにはどうあったらよいかと問いかけたところ、保佐人としてのA司法書士が、「Uさんが安全に暮らせるには、今のサービス事業所がやっていることが必要だ」と、Uさんの望みを代弁した明確な発言があった。

　それを受けて、Bケアマネジャーから、「今まで自分は、事業所からUさんの支援で困ったことの相談を多く聞いていたので、Uさんができていることや事業所が工夫していることなどに目がいかず、事業所から困りごとがあがらないようにサービスを組んでいた。そのため、自宅では今以上のサービスは無理という考えになっていた。みなさんの話を聞くうちに、事業所のみなさんが工夫して、本人の思いに応えていることがわかった。私がずれていたようだ」という発言がなされた。

10　今後の取り組みアイディア

　各事業所が、それぞれ取り組んでいることはすでに出ていたので、ここでは、うまくいっていない関わりを変えるための提案がなされた。

・Uさんが寝て起きてこないときのために、信頼できるヘルパーとUさんで鍵のことを検討してみる。
・ゴミ出しについても、Uさんと話し合いが必要。既存のサービスで行うか、近所の協力を得ることも考えられる。

11　見通し　　12　現時点でのプラン

　本日確認した内容を入れたケアプランを、ケアマネジャーに改めて作成してもらうことになった。

【ファシリテーターとしての留意点】
　各事業所のそれぞれの職種から、現状のサービス提供の様子を報告してもらう際、とくにUさんのポジティブなところは、詳しく話してもらえるよう具体的に聞くように心がけた。

多機関・多職種でのカンファレンス開催であったが、地域の参加者はUさんが認知症の「困った人」という印象をもっていたため、本人ができることや、うまくいった関わりを各事業所から話してもらうことで、何もわからない人ではない、ということをわかっていただけるように心がけた。
　また、Bケアマネジャーは、自費によるサービス利用やヘルパー事業所を複数利用することに抵抗があった。その結果、Uさんのできないことに注目してしまい、施設で暮らすことが本人のためという方向に流れてしまうため、本人が自宅での生活に満足していることを理解してもらえるように心がけた。参加者が支援でうまくいった成功体験をお互いに語ることで、自分たちの工夫によってUさんは自宅で生活できている、と関係者の自信につなげられるように話を進めていった。

【ファシリテーターとしての感想】
　シートの全部を使用せず、本人・家族のできること、支援者が行ってうまくいったこと、いかなかったこと、今後の取り組み、見通しを話し合った。ホワイトボードに書き出しながら行い、目に見える形で行ったので、参加した皆さんにはわかりやすかったようだ。
　いつものカンファレンスでは、口頭のみであるためカンファレンス終了時には、各自の理解が違うこともあった。だが今回は、みな同じ理解であった。ただ、参加者でこの方法を知っている者がR以外にいなかったため、Rがひとりでファシリテーターと記録係を行った。これは大変であるので、仲間を作って行うと、より有効であったかもしれないと思った。

　本ケースカンファレンスの目的は、利用者Uさんの望み通りの生活を可能にするために、支援者間にズレのあった支援の方向性を統一することでした。それは達成されましたが、そこには、ファシリテーターによる準備と多機関カンファレンス・シートの上手な使い方があったように思います。

　自発的な気づきの促進
　ファシリテーターのRさんがもっとも懸念していたのは、Uさんに支援を行っている各サービス事業所と、ケアプランを策定するBケアマネジャーとの意思疎通がうまくいっておらず、結果としてUさんの望む支援が得られなくなること

でした。Rさんは、Bさんにこの心配に気づいてもらうため、多機関カンファレンス・シートを使い、利用者Uさんのできていることや満足していることを、また、各サービス事業所のうまくいっている関わりなどを、関わっているすべての事業所に具体的に語ってもらうことにしました。求めに応じて、多数の事業所のスタッフが参加し、積極的に発言をしています。

また、主治医にも参加を求めた結果、主治医がUさんの抑うつ傾向を改善する効果のあった薬の話をしてくれ、Uさんの被害妄想が少なくなった理由のひとつがそれであったと、みな納得することができています。こうしたUさんの肯定的な変化とUさん自身が満足している現状についての話を聞くなかで、ケアマネジャーさんも次第に認識を新たにしていったのでしょう。カンファレンスにおいて責められているような気分になったり、居心地の悪さを感じることがなかったからこそ、素直に人の話を聞き、理解することができています。

それを可能にしたのは、Rさんの、関係者みなを集めることのできる日頃からの「ネットワーク形成・維持能力」、Uさんの肯定的な側面を詳しく語ってもらうために、「〜〜とおっしゃったのですが、それをもう少し具体的に言っていただけますか？」と問いかける「質問力」、といったファシリテーターとしての力量でしょう。また、情報共有や相互理解を促進し、参加者全員の合意によるプラン形成を可能にする多機関カンファレンス・シートも役立ったのではないかと考えられます。

シートの柔軟な使い方

大勢の関係者に集まってもらって行うケースカンファレンス、とくに主治医も参加するケースカンファレンスでは、時間短縮を図る効率的なカンファレンス運営を行うことが望まれます。多機関カンファレンス・シートは、カンファレンスの手順と流れが構造化されています。話がずれてしまっても元に戻しやすく、その意味では効率的なカンファレンス運営を可能にするツールです。しかし、参加者が多い場合、発言で時間がかかってしまいます。本事例では、保佐人である司法書士が、Uさんの安全像を明言したこと、他の人たちもそれにほぼ同意していると思われること、意見の異なっていたBケアマネジャーが気づき同意したことから、ファシリテーターのRさんは、その他の人たちに安全像を聞くことは省いています。

シートに書いてあるセッション通りにファシリテーションするというのではなく、カンファレンスの目的に応じて、こうした柔軟なシートの使い方をすることは、効率的なカンファレンスの実施にとって必要と思われます。ただし、一般的なケースカンファレンスのファシリテーターとしても経験が浅く、AAA多機関ケースカンファレンスをやるのは初めて、といった場合には、まずはシートのセクションを順番通りにやってみるのがよいと思われます。

事例No.10
全体的支援が必要な家族：家族参加の地域ケア会議で情報共有

【ケースカンファレンス実施日時、場所】
2018年〇月〇日　14:00～14:50　地域包括支援センター会議室

【参加者】
ファシリテーター兼記録係、事例報告者：●委託型地域包括支援センターR看護師
参加者：●総合相談所Aソーシャルワーカー、●同Bソーシャルワーカー、●C民生委員、●近所の住民Dさん、●長女Eさん、委託型包括支援センターF主任ケアマネジャー
計7人　　（●は、ケース関与者）

【目的】
　近所から地域包括への相談であった。Gさん（女性、65歳）の精神状態が不安定で、大変なので相談に乗ってほしいと、夫（69歳）が連絡してきたとのことであった。地域包括が家族に話を聞くが、みなの話がちぐはぐで、一貫性がなかった。総合相談所は、同居の長男の支援を行っていて、地域包括にはこれまで本件での連絡はなかった。そこで情報共有と今後の方針の検討のため、地域ケア会議を開き、家族と関係者で集まって情報整理を行うこととした。

【ケースカンファレンスの実際】

1　本日話し合いたいこと（心配ごと・困っていること）
　ファシリテーターのRより簡単に説明を行ったあと、参加者の方からも発言してもらった。

　Gさんは、精神状態が不安定であり、夜間パニック状態となり、夫と大声で口論となる。また、同居の長男も閉じこもり状態で両親の状況から不安感が強くなり、パニックとなって不穏な状態となった。夫は、このふたりの面倒を見切れ

ないと近所に相談し、地域包括に連絡が入った。

　市の総合相談所のA、Bソーシャルワーカーからは以下のような発言があった。Gさんと長男さんの支援で以前から関わっている。長男は発達障害の可能性も考えられるため、受診にて診断をつけるか家族に相談をしたい。ご夫婦は、以前からいろいろトラブルがあり、家計支援も含めて相談に応じていた。Gさんは毎晩のように救急車を要請するので、Gさんと話し合ったが、状況にかかわらず救急車を呼んでいるようだった。うつ病で受診もしている。

　C民生委員と近所のDさんからは、Gさんが大きな声を夜に出すので、近所でも心配をしているとのことであった。

　長女Eさんからは、家族に関するこれまでの経緯の説明があった。けんかが絶えないので、自分は家には寄り付かないし、連絡もしてほしくない。3人（Gさん、夫、長男）が一緒にいることがよくないので、分かれて暮らすことを望んでいる。父親は、他人の前ではいい顔をするが、家族だけだとまったく違うし、言っていることとやっていることが違うので、あてにならない。

2　ジェノグラム・エコマップ

　長女さんから、家族について詳しく話してもらい、ジェノグラム、エコマップを書いていった。

　子どもは自分と弟（長男）との2人で、自分は結婚して自立している。実家には行きたくないが、電話で相談をされるので応じている。本当は関わらずにすむならそうしたいと思っている。弟は、小さいころから何をやらせても遅く、親からも自立できていない。一時パートで8年間くらい勤めたことがあったが、いじめにあい仕事にいけなくなった。今は精神科を受診している。発達障害については、今日初めて聞いたことだが、診断がついてもなにも変わらないのであれば、今さら受診はしなくていい。

　父親はサラリーマンだったが、自分勝手で家族のために何かをしたことはない。母親は口うるさく、命令的口調で話す。以前、精神面の不調で入院したこともある。

3　支援経過

Rより、支援経過を話す。

　2月上旬に相談を受けて支援をしていたが、Gさんから訪問依頼の電話が毎日ある。食事や掃除、洗濯といったことができない状況で、情緒面も不安定であった。話の内容も一貫性がなく、まとまらない。夜間に覚醒があり、大声で騒ぐことがあったので、受診している病院に、Rが連絡を取り、受診後入院となった。

4　本人・家族のできていること・悪くないこと

　Gさんのできていること、悪くないことについて出してもらった後、Gさんたちが安心して暮らすための退院後の生活について確認することにした。

　落ち着いているときは家事を行い、母親・妻の役割を果たしていた。近所の評判もよかった。

9　安全像と安全到達度

　退院後の生活については、長女Eさんから、3人がバラバラで暮らすことが、お互いに干渉しないですむし、言い合いにならずにすむのでよいと思うとの意見が出された。

10　今後の取り組みアイディア

　退院後の生活を目指してどうするのがよいかについて話す場も、長女Eさんの家族に対する想いを語る場となった。これらの内容も「ジェノグラム」の欄に書き入れることで、家族の関係性がわかり、退院後はそれぞれが分かれて暮らすのがよいという、支援の方向性は明らかになってきた。

　Eさんは自分が築いた家族を犠牲にしたくないため、これ以上の関わりはしたくないと拒否。父親は、妻が入院となったことで安心しており、今後のことまでは考えられない様子、という話であった。

11　見通し

これまでの長女Eさんからの情報を踏まえて、みなで話し合った。

　3人は共依存の関係にある可能性が考えられ、それぞれが自立した生活は厳しいのではないか。経済的な自立も難しいが、これまでのような3人での生活がどこまで可能なのか、Gさんの病状が改善したときに、改めてカンファレンスをする必要がある。また、Gさんの治療が継続されるような支援体制も必要となる。
　総合相談所のA、Bソーシャルワーカーは、引き続き長男さんの支援をする。

12　現時点でのプラン

退院の目処が立ったときに、改めてプランを検討することになった。

【ファシリテーターとしての留意点】
　長女Eさんが、この家族のキーパーソンであった。その長女の今までの苦労をねぎらいながら緊張が和らぐように関わり、カンファレンスの場が安心して相談できる場所と感じていただけるよう、傾聴に努めた。

【ファシリテーターとしての感想】
　この家族を昔から知っている地域住民、民生委員の方々の参加があったが、事情を察して声をかけていただけたことで、近所の関係のよさを知る機会となった。
　この事例は、これからも関わりを持つことになることが予想される。今後もこのシートを使って情報を整理していくことで、当初あったような、誰が困っているのかが見えない、といったことはないだろうと思った。
　社会で一般的に描かれる家族関係とは違い、本カンファレンスで取り上げた家族は、それぞれが個として存在している家族であった。支援者が固定概念に捉われ、この家族を否定的に捉えてしまうと支援につながらないと考える。
　今回、ジェノグラムで家族の関係性を明確にすることができたので、次は、退院前カンファレンスで、このシートのなかの「本人・家族ができていること、できていないこと」を考えることで、支援の方向性を共有することができると思う。ただ、長年の積み重ねによって築き上げられた家族の形であるため、早急な対応は困難

だと思われる。
　この多機関カンファレンス・シートは、1回のカンファレンスですべての項目を行うことが、スタンダードな使い方であるかもしれないが、今回のように、段階に応じて変えて使うということも可能であると考える。

ポイント解説　本ケースカンファレンスの目的は、本事例の家族に関わりを持つ人たちの間で情報を共有し、今後の支援方針を検討することでした。その目的が達成できたのは、ファシリテーターが、関わりを持ちたくないと明言していた長女Eさんにカンファレンスに参加してもらい、安心して話してもらえるよう、その語りの随所にねぎらいの言葉を入れながら傾聴していったからでしょう。また、近所の方を初めとする関係者からの心配や、母親に対する悪くない評判を聞けたことも、長女さんが居心地の悪さを感じず語れた理由かもしれません。

　家族それぞれが問題を抱えているために、いくつかの関係機関・関係者がそれぞれの家族に関わっているものの、家族全体の様子をつかんでいる者がおらず、なにが起きているのか、誰にもよくわからない。こうした事例には、関係機関間による情報共有と協働によって、家族全体を支援していくことが必要です。

　今回、地域で身近に家族を知る近隣の人や民生委員の参加も得て、地域ケア会議で情報共有を図ったこと、また、家族全体の情報をストレングス視点からも整理できる多機関カンファレンス・シートを用いたことは、視野が固定されたり、視点が否定的になりがちな専門職の見方に、プラスの影響を与えたのではないでしょうか。

事例No.11
息子による高齢者虐待の疑い:虐待判断と支援の方向性の決定

【ケースカンファレンス実施日時、場所】
【2018年○月○日13:00〜14:20　基幹型地域包括支援センター相談室

【参加者】
ファシリテーター:基幹型地域包括支援センター（委託型）Ｇソーシャルワーカー（社会福祉士）
記録係:●委託型地域包括支援センターＨ主任ケアマネジャー
事例報告者:●委託型地域包括支援センターＩソーシャルワーカー（社会福祉士）
参加者:基幹型地域包括支援センターＪ保健師、市役所Ｋ保健師
計5人　　（●は、ケース関与者）
居宅介護支援事業所のケアマネジャーも参加予定であったが、急な事情で参加できなかった。

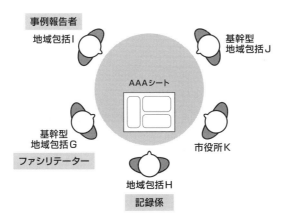

シートによるカンファレンスイメージ図

【目的】
　委託型地域包括支援センター（以下、地域包括）が、高齢者虐待案件として関わっている事例であるが、高齢者と家族が今後の生活を具体的にどのようにした

いのかはっきりせず、地域包括としても支援の方向性が決められず困っているとのこと。基幹型地域包括支援センターとして、ケースカンファレンスを実施することにした。

【ケースカンファレンスの実際】

1　本日話し合いたいこと（心配ごと・困っていること）

　　ファシリテーターであるGから、地域包括のIソーシャルワーカーに、今困っていることを話してもらった。

　　Xさん（男性、88歳）は、2か月前に、老人福祉センターから通報のあった高齢者で、「息子から叩かれた、だから家に帰りたくない」とセンターで言っていた。そのときセンターに行ってXさんに会って確認したが、あざなどはなかった。介護している息子さんに会って話を聞くと、「本人はそんなことを言っているかもしれませんが、私はそんなことをしたことはありません」と淡々と話した。Xさんは現在もときどき、「息子に叩かれた」と福祉センターに来ている高齢者に言ったりしている。また、Xさんは以前住んでいた自分の家に戻りたいと言っているが、息子さんは自分が面倒をみる、と言っている。両者の言い分が違うので、地域包括としての支援の方向性が定まらず、どうしたらよいか困っている。

2　ジェノグラム・エコマップ

　　Xさんに直接関わっている人は他にはいなかったので、Iソーシャルワーカーに、Xさんの家族構成などについてもう少し説明してほしいと頼んだ。

　　Xさんは妻とふたりで暮らしをしていたが、半年前に妻が亡くなった後、長女夫婦がXさん宅に突然住み続けるようになった。長女夫婦がXさんを邪険に扱うようになったため、Xさんが居づらくなり、3か月前に長男がやむなく引き取った。長男さんは独身で、今は退職して家にいることが多い。表情が仮面のようで、言葉数も少ない。Xさんの子どもはこのふたりである。

3　支援経過

引き続き、Iソーシャルワーカーから支援経過の概略を話してもらった。

　2か月前に老人福祉センターから連絡があってから、地域包括としてXさん家族に関わるようになった。Xさんは、現在、要介護1。軽度認知症。週に1回デイサービスセンターに通所しているが、ケアマネジャーにつながるまでが大変だった。息子さんがなかなか利用を決断してくれなかった。

　Xさんは、今もデイに行かない日は、老人福祉センターにひとりで通っている。歩行器を使って10分ていど歩いて行っている。センターにはコンビニの弁当やおにぎりをもって行くことが多い。職員と話したり、1日、他の人をぼんやり見ていたりといった感じで、とくになにかの活動に参加しているわけではない。病院には毎月1回、息子に連れられて通院している。

　センターからは、今も、本人が「息子から叩かれた」と言っている、という情報がときおり寄せられる。しかし、どこを叩かれたかを聞いても、本人は不確かで、あざなども見られない。センターには、できるだけ情報共有していきたいと伝えてある。

4　本人・家族のできていること・悪くないこと

　これまでの情報をもとに、Xさん本人や息子さんのできていることや悪くないこととして考えられるものをあげてもらった。

＜Xさん＞
・歩行器を使い、ひとりで出てひとりで帰って来られる。
・老人福祉センターに通うことができている。
・デイサービスでは表情がよく、周囲の人とも話ができている。
・面談を無理に設定すると、「いやだ」と拒否できる。

＜息子さん＞
・Xさんの朝食、夕食を作っている。昼食は弁当を買ってXさんに持たせている。
・Xさんを病院に連れて行っている。
・心療内科に通院しているが（いつからかは不明）、家事をこなしている。

・ケアマネジャーや地域包括の訪問も拒否せず、応じている。
・Xさんの主治医は、「息子はよくやっている」と言っている。
・ケアマネジャーには、「本人の意向を尊重したい」と言っている。

5　本人・家族の困ったこと・心配なこと

　次に、Xさんや息子さんについて心配なこと、困っていることを、あげてもらった。

＜Xさん＞
・「息子に叩かれた」「家に帰りたくない」と老人福祉センターにいるときに、周囲の人に言っている。
・消費期限切れのお弁当を食べていることがある。
・デイサービスの利用回数を増やすことについて、「そうしたい」とは言わない。
＜息子さん＞
・デイサービスを週3回に増やす提案をしているが、なかなか決めない。
・ちゃんとXさんをみているのかわからない。
・ケアマネジャーによると、何事も決めるのに時間がかかる。

6　支援者のうまくいった関わり方

　Iソーシャルワーカーやケアマネさんたちがやってきたことで、うまくいった関わり方、悪くなかった関わり方、これからもやっていったらよい、という関わり方にはどのようなものがあったかあげてもらった。

＜Xさんへの関わり方＞
・すぐに答えを求めるのは無理で、ひとつずつ求めていけば、答えることができる。

　息子さんに対して、うまくいった関わりを尋ねても、うまくいかなかった関わりの話が出てきてしまうので、「こういう話し方をすると、表情が和らいだりしたことがありましたか？」と言葉を変えて聞き返してみたところ、次のような発言があった。

＜息子さんへの関わり方＞
・時間をかけて話を聞いていったときに、わかってもらえたと思ったのか、ちょっとよい表情になったように思えた。

7　支援者のうまくいかなかった関わり方

うまくいかなかった関わり方についてもあげてもらった。

＜Xさんへの関わり方＞
　面談したときに、Xさんは「自分の家に帰ってひとりで暮らしたい」と言うので、「だめだったら?」「施設は?」と聞いても、「そういうこともあるのか?」と言うだけで話が進まない。いつもこの繰り返しになってしまった。
　どうして元の家に帰りたいのか、もう少しXさんの気持ちを聞いた方がよかったかもしれない。

＜息子さんへの関わり方＞
　最初、どのように関わっていいのかわからなかった。
　ショートステイの利用を勧めても「けっこうです」というだけ。サービス利用のメリットを伝えてもだめだった。デイサービスを1週間に1回なら、ということでようやく介護認定を受けてサービス利用につながったが、なかなか決めなかった。
　介護者の会についても誘っているが、なかなか関心を示してくれない。
　息子さんへのうまくいかなかった関わり方については、もっぱらサービス導入ができたかどうかということに関することであったので、「どういうふうにすれば、うまくいったのでしょうね」と尋ねてみたら、Iさんは、「もう少し、長男の気持ちを聞いてからにすればよかったかもしれない」と答えた。

8　本人・家族の望み

本人、家族の望んでいることはなんだろうか、と聞いたところ、Iソーシャルワーカーは次のように話した。

　Xさんは「自分が長年住んでいた家に戻りたい」といつも言っている。

息子さんは、「父親を自分がみる」とか、「父親のやりたいことを尊重したい」とは言っているが、具体的な話になると、話が止まってしまう。「息子さん自身はどうしたいですか？」と聞いたときも、明確な答えはなかった。
　息子さんに明確な答えがなかったということだったので、「息子さんは、どういうことであれば楽しそうなんでしょうね？」とⅠさんに聞いてみたところ、息子さんは洋画が好きらしく、居間にある棚にはビデオテープやDVDがたくさんあり、畳の上にも積んであった、とのことであった。

9　安全像と安全到達度

　これまでに出された情報と、ご本人たちの望みをもとに、Xさん、息子さんが現時点で安心して安全に暮らしていると言える状態をイメージしてもらうために、「どうなっていると、みなさんが安心してふたりを見ていられるでしょうか」と聞いてみた。みなさんの答え。

Ⅰソーシャルワーカー：Xさんがデイに週3日は通い、ポツンとしているのではなく、できるだけ人と交流し、話ができて安定していることと、食事をきちんととれていること。
地域包括のH主任ケアマネ：息子さんがちゃんと介護しているということを周囲がみなわかっていること
基幹型地域包括のJ保健師：ふたりの様子について情報を共有できる関係者のネットワークができていること
市役所のK保健師：Xさんが定期的な通院を続けることと、きちんとした食事をとっていること、また、息子さんが支援者に自分の気持ちや経済状況などを話せるようになっていること

　次に、「今、みなさんに言っていただいた安全・安心な状態の全体像を10点、危険な状態ですぐに介入が必要な状態を0点とした場合、みなさんは、今のXさんと息子さんの状態を何点とつけますか、点数とその点数をつけた理由を教えて下さい」と尋ねた。

J保健師：6点。現在支援のネットワークはそれなりにできているし、食事も三食

とれている。
K保健師:5点。定期的通院はできているけれども、Xさんがちゃんとした食事がとれていないかもしれないということと、支援者と息子さんとの関係がまだ十分にできていない。
H主任ケアマネ:5点。Xさんの状態が危険な状態ということではないけれども、息子さんがちゃんと介護しているかどうかまだ十分にわかっていない部分がある。介護していることが周りの人たちにもわかってもらえていない。
Iソーシャルワーカー:4点。デイサービスの回数を増やせていない。今後も消費期限の切れた弁当を食べるリスクがある。

10 今後の取り組みアイディア

　では、現時点での安全度を少しだけ、1点だけあげるためにはどうしたらよいか、「今やっていることで、これからも続けようと思うこと」と、「この後、やってみたいこと、できたらよいと思うこと」とをわけてあげてもらった。

「今やっていることで、これからも続けようと思うこと」
・Xさんはデイサービスを続ける。
・ケアマネジャーは息子さんとの面接を継続する。
・デイサービスセンターであざ等の確認をし、変化があればケアマネジャーに連絡する。
・支援のネットワークが途絶えないように、老人福祉センターを含め関係機関の情報共有を意識的に行っていく。

「この後、やってみたいこと、できたらよいと思うこと」
・デイサービスの回数を増やすよう促す。そのために、息子さんと金銭面、経済面についても話し合う。
・Xさんと息子さんがそれぞれの想いを話し合えるようにする。
・老人福祉センターでXさんが「息子に叩かれる」ということを言い続けるようであれば、センターに来ている他の高齢者も不安になってしまうので、地域包括が老人福祉センターの職員を含めた地域ケア会議を開き、そこに息子さんも出席してもらい、話し合ってみる。

11　見通し

　「今やっていることで、これからも続けようと思うこと」としてあげられたものについては、みなさんやっていけるということであった。
　「この後、やってみたいこと、できたらよいと思うこと」としてあげられたものについて、「それらはすぐにできそうですか」と見通しについて聞いたところ、デイサービスを増やすことについては、ケアマネジャーが息子さんとの関係を深めながら話していくのがよいということになった。
　地域ケア会議については、様子をみながら考えていくが、デイサービスの回数が増えてもなお、Xさんの「叩かれる」という発言が続くようであれば、開催してはどうかということになった。

12　現時点でのプラン

　今後なにをどうやっていくかの案は出たので、これらを確認してカンファレンスを終了した。

【ファシリテーターとしての留意点】
　「支援者のうまくいった関わり方」について発言を求めたとき、息子さんについては「うまくいかなかった関わり方」についての発言が出てきてしまうので、ファシリテーターのほうから、言葉を変えて、「こういう話をすると、表情が和らいだりしたことがありましたか」という聞き方をしてみた。また、「本人・家族の望み」について聞いたときも、息子さんの希望、望みについてはよくわからないという感じであったので、「息子さんはどういうことが楽しそうですか」と聞いてみた。
　発言を求めてもなかなか出てこない場合には、わかりやすい言葉に変えて聞いてみるのがよいと思われる。

【ファシリテーターとしての感想】
　最初に話し合いたいことをⅠさんに言ってもらっているときには、結論を予測することができず少し不安であった。だが、シートの項目に沿って参加者に話を求めていくと、最終的には今後やるべきことがはっきり見えてきたのでよかった。記録係のH主任ケアマネが、発言を的確にシートに記入していってくれたので、みんなが情報を共有しながら話を進めていくことができた。
　記入したシートをコピーし、記録として参加者に渡すとともに、カンファレンス

に参加できなかったXさんのケアマネジャーにもこれを渡して説明をすることができる。ケースカンファレンスの記録を改めて書く必要がないのは助かる。

本事例は、その後、Xさんが転倒して入院した。入院期間中、介護者はよく面会に来ていることが確認できている。また、退院後、Xさんは老人福祉センターに行くことができなくなり、デイサービスの利用が増えたが、「叩かれた」といった表現をすることはなくなった。デイサービスの送迎時に、職員がXさんの様子を積極的に話すようになったためか、息子さんも安心したようで、現在は、とくに問題なく支援が行われている。

　介護の実態も、息子さんの介護をめぐる要望もはっきりとしない状態のなかで、地域包括として、支援の方向性をどう定めていけばよいのか。これを明らかにすることを目的として本ケースカンファレンスは開かれています。

カンファレンスの結果、方向性は明確になり、Xさんと息子さんの安心・安全像が描かれています。そして、これに近づけるための手段が、最終的なプランとして確認されています。これが可能となったポイントは、【ファシリテーターの留意点】にも記述されていますが、発言者の気づきを引き出す「たとえば」を使った質問だと思われます。

気づきを引き出す「たとえば」の質問

地域包括のIさんは、息子さんとなかなかうまくコミュニケーションがとれないと思っていたようで、ファシリテーターから聞かれても、息子さんに対するうまくいった関わり方やコミュニケーションの仕方が思い出せませんでした。しかし、ファシリテーターが言葉を変え、「こういう話し方をすると、表情が和らいだりしたことがありましたか?」と具体的に聞いたところ、Iさんはうまくいった関わり方を思い出し、具体的に答えることができました。

複合問題事例への支援においては、どうしても問題やリスクに目が行き、なんとかできている点やまあまあの点は目に入らない、ということがあります。また、うまくいかないことだけが記憶に残りがちです。しかし、それでは、支援の糸口を見つけることはむずかしいので、視点を変え、「なにかよい点はないです

か？」「うまくいったことはなかったですか？」と聴いてみるわけです。しかし、それまで自分が持っていなかった視点で考えてと言われても、すぐには思い出せないことが普通です。

　そこで、「たとえば、こういうことはなかったですか？」と例を出して聴いてみる。すると、「ああ、そういえば、、、」と思い出せる可能性が出てきます。家族のストレングスへの気づきや、自身の小さな成功体験への気づきは、Ｉさんの気持ちを少し前向きにしたはずです。またそれによって、他の参加者たちにとっても支援の方向性がクリアになってきたはずです。

事例No.12
娘による高齢者への心理的虐待：関係修復という家族再統合の方法を検討

【ケースカンファレンス実施日時、場所】
20XX年○月○日　11:00～12:30　Q精神科病院会議室

【参加者】
ファシリテーター兼記録係：●委託型地域包括支援センターIソーシャルワーカー（社会福祉士）
事例報告者：●同センターケアマネジャー
参加者：保健所K保健師、Q精神科病院Lソーシャルワーカー（精神保健福祉士）、M臨床心理士
計5人　　（●は、ケース関与者）

【目的】
　娘さんから虐待のあった高齢女性のケースで、地域包括として分離を行い、すでに虐待対応を終結していたが、母親から面会希望が出され、娘さんからは家族再統合を求める強い要求が出された。地域包括としては第三者が入った面会を提案しているが、娘さんは拒否をし、地域包括を恫喝してくる。担当していた地域包括のケアマネジャーが疲弊するなかで、面会や家族再統合が可能かどうか、精神疾患が疑われる娘さんの特徴を本人が理解して会うにはどうすればよいかを検討するため、本人の通院先である精神科病院でケースカンファレンスを開催した。

【ケースカンファレンスの実際】

1　本日話し合いたいこと（心配ごと・困っていること）
　地域包括で本人を担当しているJケアマネから、現在困っていることを話してもらった。

　娘さんから身体的虐待と心理的虐待を受けたCさん（女性・75歳）の訴えと

希望に沿って、ショートステイで保護した後、有料老人ホームへの入所支援を行った。入居後、Cさんから娘と会って話がしたいとの希望が出されたため、地域包括として、娘さんからCさんの安全を守るためのほどよい距離感を保った状態での面会を提案する。だが、娘さんからはふたりだけの面会の要求と同居を前提とした再統合が主張され、調整がつかない。この間、Cさんは娘と会えない状況に苛立ちを募らせ、地域包括を責めるようになる。Cさんに娘さんのことを理解してもらい、どのように再統合を図っていけばよいのか、助言がほしい。

2　ジェノグラム・エコマップ

虐待対応の時点でジェノグラム・エコマップの記録が作られているが、現在の家族関係について改めて確認した。

Cさんには1人兄がいる。Cさんは兄にはいろいろ相談してきた。子どもは娘さんのみ。夫はすでに他界している。生前、認知症の夫の介護に娘さんも加わっていたが、「お前のせいでみんな苦労する」「早く死んでしまえ」など、夫を責めることが度々あった。娘さんはCさんの兄を慕っていたが、入院中のCさんの居場所を知らせてもらえなかったことから、今は疎遠になっている。

3　支援経過

Jケアマネから支援経過の概要を報告してもらった。

20△△年8月にCさんが転倒・骨折し入院。要介護認定を受け、要支援2の認定となる。同年10月に、退院に向け地域包括として支援を始める。このとき、病棟の看護師から、娘さんがCさんを責めるような言葉を聞いているので、気にかけるよう促された。11月に退院となり、在宅生活が始まったが、Cさんは娘さんから生活を管理され、言う通りにしないと言葉で責められることが続く。地域包括のケアマネが助言するも、聞き入れない状況であった。

翌年4月、Cさんが通所しているデイサービスからケアマネに、Cさんが頭を痛がっており、「娘に叩かれたと言っているので来てほしい」と連絡があった。地域包括がCさんに話を聞くと、「娘に叩かれた、娘が怖い、助けて、家に帰り

たくない」とSOSを発した。デイサービスから帰宅せず、ショートステイで保護することを提案し、Cさんの意思を再度確認した上で、市と協議してショートステイ利用で緊急分離を実施した。その後、うつ状態と診断され入院、3か月後に有料老人ホームに入所した。生活の場を得たことから、地域包括としては、虐待対応を終結した。

ショートステイ中も入院中も娘さんの面会は断っていたが、有料老人ホームに入所後、Cさん自身も娘さんとの面会を求めるようになる。第三者を挟んだ面接をCさんに提案したところ、Cさんは希望したが、娘さんは1対1の面会を要求するとともに、同居を前提とした家族再統合を主張する。面会を巡って、娘さんから地域包括への恫喝が続き、Cさんも面会がかなわないことについて、徐々に地域包括を責めるようになった。

再統合に向け、面会は必要と思われるが、どのようにするのがよいかを検討するということで、ケースカンファレンスに至った。

4　本人・家族のできていること・悪くないこと

Cさんや娘さんのストレングス、できていること・悪くないことについて、Cさんや娘さん自身が捉えていることと、支援者が捉えていることを分けて整理することにしたが、ストレングスについては、Cさんや娘さん自身から聞いたことがとくになかった。以下は、支援者が捉えたストレングスである。

＜Cさん＞
・なんでも自分で決める前に、人に相談することができる。
・手紙を書いたり、電話をしたり、自分の気持ちを伝えることができる。
・自発的に運動し、自分の身体が衰えないように活動できる。
・娘とは同居しないという意思はブレない。
＜娘さん＞
・宗教団体や市議会議員など、協力を求める社会資源がある。
・なにかを決めるときには、人に相談する習慣がある。

5　本人・家族の困ったこと・心配なこと

　次に、Cさんや娘さんの困ったこと・心配なことについて、Cさんや娘さん自身が捉えていることと、支援者が捉えていることを分けて整理した。Cさんが娘さんについて語っていることは以下の通りだが、娘さんからは聞けていない。

［Cさんが捉えた娘さんの困ったこと］
・娘は育てにくい子だった。
・亡くなった夫も、一緒に暮らすのは大変だと言っていた。
・癇癪を起こしやすく、起こしたときは、とりあえず謝ってやり過ごして来た。

［支援者が捉えた困ったこと］
＜Cさん＞
・気持ちの波があり、支援者に対しても攻撃的になることがある。
・担当者との面接期間が空くと、見捨てられたと自暴自棄になる。
・支援者側の関わりに対し、「迷惑をかけている」と捉える。
・自己肯定感が低く支配を受けやすい。現在も娘に怯えている。
・困ったことを関係者と一緒に解決しても、解決後には誰がどのように動いたか忘れてしまい、経験知として残りにくい。

＜娘さん＞
・拘りや固執があり、修正ができない。
・自分の思い通りにならないことがあると、大声をだす。
・自分の言動を振り返らず、相手に責任転嫁する。
・支配的である。
・その言動から、発達・人格・コミュニケーションのいずれかに障がいが疑われる。

6　支援者のうまくいった関わり方

　今度は、支援者がやってきたことで、うまくいった関わりや悪くなかった関わり、これからもやっていったらよい、という関わり方はどのようなものかあげた。

＜Cさんへの関わり方＞
・Cさんから娘さんに手紙を書くことを勧め、直接、娘に気持ちを伝えることができた。
・娘さんとの面会にあたり、娘さんから攻撃を受けるリスクをていねいに説明し、理解を得ることができた。

＜娘さんへの関わり方＞
・Cさんの有料老人ホーム入所の意向を伝えながら、Cさんと娘さんの面会については地域包括や警察の同意は不要であることを手紙で説明したところ、「同意がいらないことはわかった。でも、地域包括からこの顛末についての謝罪は絶対にしてもらう」と理解を得ることができた。電話では聞く耳をもたなかったが、手紙ではとりあえず理解してもらえた。

7　支援者のうまくいかなかった関わり方

次に、支援者のうまくいかなかった関わり方を振り返った。

・関係修復という再統合のために、Cさんの兄に協力を求めたが、結果として娘さんとの関係を途切れさせてしまった。
・娘さんに対し、Cさんとの手紙のやりとりを提案したが、実現しなかった。

8　本人・家族の望み

改めてCさんと娘さんの望みを確認した。

　Cさんは、分離後、一度も娘さんとの同居を希望したことはなく、「娘に迷惑をかけたくないから、別々に暮らしたい。その気持ちを直接会って伝えたい」と、繰り返し話している。
　娘さんは、地域包括による謝罪がCさんとの面会の前提で、それがないと先には進めないという主張を繰り返している。

9　安全像と安全到達度

ここまでに出された情報と、Cさん・娘さんの望みをもとに、ふたりが安心して

安全に暮らしていると言える状態はどのような状態かをイメージし、現在の安全ラインをだしてみるよう求めた。

　Cさんはすでに安全に過ごせる環境にいるため、参加者のひとりからは、「面会する時点で安全ラインは下がるかもしれないけれど、今の時点を基準に考えるなら、10点以外出せないよね」という発言があった。本ケースの支援の方針として、別居した状態でほどよい距離感で付き合える関係としての再統合を目指すということは共有できていたが、これを安心・安全像として捉えるのか、現在の別居の状態を安心・安全像と捉えるのか、参加者間で共有できないまま、時間の関係で次のセクションに移った。

10　今後の取り組みアイディア

　現時点での安全像はイメージできなかったが、両者が分離のまま、安全が保障される環境で面会するという再統合のイメージは共有できていたので、それが可能になるためにはどうしたらよいか？「今やっていることで、これからも続けようと思うこと」、「この後、やってみたいこと、できたらよいと思うこと」を出し合って整理した。

「今やっていることで、これからも続けようと思うこと」
・Cさんは、娘さんに手紙や電話で自分の気持ちを伝える。
・Cさんへ、ケアマネジャーとしてできること、できないことの線引きをその都度伝える。
・Cさんへ、娘さんとふたりきりで会うことのリスクを伝える。
・娘さんの謝罪の要求に対しては、毅然とした態度で断る。

「この後、やってみたいこと、できたらよいと思うこと」
・Cさんはひとりであれこれ考えすぎ、「娘がこうなったのは自分のせい、自分が娘を苦しめている」といったように、自責の念を強くして落ち込む傾向があるので、一次感情（起きたことについてすぐに出る強い感情）になにがあるのか、質問することで気持ちを整理し、理解できるよう手伝う。
・娘さんと離れていても、支配関係が続いていることを伝え、自分たちがCさんにとっての安心・安全を守るために支援していることを伝える。
・娘さん対しては、なにもでなかった。

11　見通し

　「今やっていることで、これからも続けようと思うこと」としてあげられたものについては、主にJケアマネと地域包括でやっていくこととなった。
　「この後、やってみたいこと、できたらよいと思うこと」としてあげられたものについて、それらはすぐにできそうか確認したところ、Jケアマネは、Aさんの気持ちや考えをまとめることの手伝いはできるとのことであった。

12　現時点でのプラン

　最後に、今後新たにやってみることを中心に、プランをまとめた。

- Cさんはひとりであれこれ考えすぎ落ち込んでしまうので、なにがそういう気持ちにさせるのだろう、といった質問をしていくことで、Cさんの気持ちの整理、理解を手伝う。
- CさんのJケアマネに対する「毎週会いに来てほしい」「地域包括が娘に謝罪するようケアマネから頼んでほしい」といった無理な要求については、Cさんの考えをまとめることをサポートしながら、ケアマネジャーとしてできること、できないことの線引きをして関わる。
- ファシリテーターのIは、Cさんと娘さんの共通の知り合いである宗教団体の会員や議員に、現状について説明し理解を求める。
- Cさんはときおり「娘がここまで頑なになったのは、地域包括の対応に原因があるのではないか」という思いから虐待対応時に関する質問をしてくるので、Cさんと相談しながら対応を決めて実施したこと、なにを根拠に対応しているかなどを答えられるよう整理しておき、それに基づいて答える。
- 保健所、精神科病院のスタッフは、ケースを客観的に捉え、Jケアマネや地域包括の求めに応じて、必要なフォローを行う。

　以上の確認を行い、カンファレンスを終了した。

【ファシリテーターとしての留意点】
　決まったフレームに沿ってカンファレンスを進めることを試みるが、参加者が

自分の話したい内容を優先して話そうとする傾向があり、その都度修正を行う必要があった。

安心・安全像がイメージできず、安心・安全のラインについても参加者に点数で表す意味が伝わらなかった。今後は、この部分についての理解を深め、参加者に安全像をイメージしてもらいやすく説明し、それぞれの判断で点数をつけていくのでよいことを伝えていく必要がある。

【ファシリテーターとしての感想】
　ホワイトボードがなく、全員に1枚ずつＡ4の多機関カンファレンス・シートのコピーを配ってカンファレンスを行うなど、状況に応じた独自のアレンジで行った。参加者それぞれの記入内容に若干の差が生じ、カンファレンスのなかで調整することはできなかったが、最後にファシリテーターがまとめることで同じ情報の共有が可能になったと思う。

　決まったフレームに沿ってカンファレンスを進めることを試みたが、参加者が自分の話したい内容を優先して話そうとする傾向があり、その都度修正を行う必要があった。ただ、多機関カンファレンス・シートにフレームワークがあるため、途中で議論が脱線しそうになっても議論を戻すことが容易で、カンファレンスの進行はスムーズにできた。参加者からも、今、なにを話す段階なのかわかりやすく、整理しやすいとの声が聞かれたのも印象的だった。

　カンファレンスの際に、臨床心理士から助言されてやってみることになった、Ｃさんの気持ちの整理を手伝うという点は、カンファレンスの後、Ｊケアマネがこれまで以上に共感しながら聴くことで、Ｃさんの安心感につながったのか、明らかに自責的な発言や被害的な発言は減ってきた。また、Ｃさんは、「怖かったとはいえ、なにも言わずに姿を消したことを謝りたかった。でも怖かったことは忘れられないから、一緒に暮らすつもりはない。ひとりで頑張りなさい」ということを手紙でも伝えるが口頭でも伝えたいという、自分の考えと気持ちを整理することもできるようになった。

　本ケースカンファレンスは、分離後の面会と家族再統合の問題にどう対応するかを検討することを目的として行われています。カンファレンスにおいて安全像をイメージすることはできませんでした

が、支援の方向性は参加者に共有され、現時点でのプランが確認されています。

　カンファレンスの目的を達成できたポイントとして考えられる点をふたつ取り上げます。ひとつは、事例に関与していない専門機関の専門職とカンファレンスを行い、かれらにコンサルテーション機能を果たしてもらったことです。もうひとつは、多くの情報を整理・共有するのに、多機関カンファレンス・シートが役立ったということです。この2点を説明した上で、家族再統合検討の際にも本シートが使えることに触れます。

専門家のコンサルテーション機能

　カンファレンスには、保健所の保健師と精神科病院の医療ソーシャルワーカーと臨床心理士が参加しています。精神科病院はCさんが通院していますが、かれらは現時点では、Cさんや娘さんに直接関与していません。Jケアマネやファシリテーターの I さんたちは、メンタルな問題を抱えている可能性のあるCさんや娘さんへの対応や再統合をめぐって、事例に長く深く関与してきた自分たちとは違う客観的な視点で、また、より専門的な視点で状況を判断してもらいたかったのでしょう。また、近い将来、Cさんや娘さんの支援に関与してもらうことがあるかもしれないという予想や期待もあったのかもしれません。

　記録には、かれら外部の専門家たちの意見が、これとわかるようには記述されてはいませんが、その判断や意見を取り入れて取り組みアイディアが整理され、プランが確認されているように見えます。Jさんたちにとって、自分たちのこれまでの懸命な取り組みと、熟慮した方向性についてかれらに理解してもらったこと、また、メンタルヘルスの専門家の視点からいろいろな意見が聞け、今後の対応策を考えることができたことは、大きなサポートになったと思われます。

多くの情報の整理・共有に役立つ多機関カンファレンス・シート

　Cさん事例は、分離以前も分離後も、情報量は相当な量にのぼったはずです。事例に直接関与していない参加者に、これら大量の情報をたとえ時系列で話していったとしても、多すぎて全体がよくわからないとか、時間がかかって苦痛といったことになりかねません。多機関カンファレンス・シートは、話題にするテーマを設定してあります。大量の情報のなかからカンファレンスに必要な情報をうまく取り出せ、整理できたことで、外部の専門家たちも理解しやすかったと

思われます。

家族再統合の検討

虐待事例で被虐待者を分離保護したあと、被虐待者の生活と心が安定してくると、本事例のように、被虐待者が虐待者に会いたいと言ってくることがあります。また、支援者のほうでも、分離保護したものの、このままずっと被虐待者の面会を禁止していてよいのか、病気での入院やターミナルケア時には、被虐待者の意思も確認する必要があるので面会を開始したほうがよいのではないか、といった悩みを抱えます。

虐待者である息子さんや娘さんのほうも会いたい、会わせてほしいと要望し、ときには、「会わせないとどうなるかわかっているな」と脅しや恫喝をしてくるケースもあります。会うだけではなく、親を返せという、本事例の娘さんのような主張もあります。どのように面会を設定するのがよいのか、同居生活に戻せるのか、支援者は悩みながら、いろいろな条件を考えることになります。

家族再統合という用語は、現在、元の同居生活に戻るという意味と、戻らないが家族関係は修復するという、ふたつの意味で使われるようになっています。本事例では、娘さんは元の同居生活を望んでいますが、支援者はCさんの意向を踏まえ、かつ、なおリスクの高いことを考え、再同居という意味での家族再統合は考えていません。そして、この考えは、カンファレンスのなかで、外部の専門家たちからも理解され、支持されています。

ファシリテーターのIさんによると、本ケースカンファレンスでは、安全像が描けず、安全到達度評価もできなかったということでした。しかし、言葉で表現されなかっただけで、参加者の頭のなかにはCさんについて同じような安全像が描かれ、そのことをみなが認識していたので言語化しなくてすんだのだと思います。

それを言葉で表現し、シートに記録として残しておくことで、再同居を主張する娘さんや娘さんが協力を求めるインフォーマルな支援者たちに、Cさんの支援目標がCさんの望みを前提に関係者の協議で決まったことを明確に伝えることができます。また、担当者の交代や新しい関係機関の参加等があった場合でも、支援目標が明確に伝わります。

多機関カンファレンス・シートでは、分離したほうがよいかどうかを判断すると

き、本人・家族の望みを踏まえた上で、支援者としての安全像の描写と安全到達度評価を行うことで、分離する・しないを、根拠(専門家チームによる話し合いの結果)をもって判断することができます。緊急分離をした場合でも、あとから安全像の描写と安全到達度の評価を行うことで、その判断の妥当性を正当化することができます。また、安全像が具体的に明確に記述されていれば、本人・家族の希望とともに、それを再統合のときの条件として考えることもできるはずです。

事例 No.13
学校への不信感が強い不登校生徒：学校・教育関係者間の情報共有

【ケースカンファレンス実施日時、場所】
X年4月下旬、16:00～17:00、A中学校

【参加者】
ファシリテーター兼記録係：市子ども課相談員
事例報告者：●学級担任
参加者：●父親、●養護教諭、スクールカウンセラー、市教育委員会指導主事
計6人　　（●は、ケース関与者）

【目的】
　要保護児童対策地域協議会の会議前に、市教育委員会の指導主事より、中学2年生（男子）の不登校のことで相談があった。両親との面談はできても生徒本人との面談がなかなかできないので困っているとのこと。本人・親も含めた関係者間の情報共有と支援の方向性確認のために、カンファレンスを試みた。
　事前の情報は以下のとおりであった。学校では、養護教諭やスクールカウンセラーとの面談をこれまで何度か設定しており、教育熱心な両親は来談するものの、本人の相談につながっていない。本人は、市教委の教育相談センターに一度来所したがそれっきりで、その後、電話による面談の約束には応じない。「死にたい」とほのめかすなど、メンタルな問題もあるようで、医療機関も一度は受診しているが、その後、継続して通院できているのかどうかよくわからない。
　教育主事から、関係者とともに、本人・家族にも出席を依頼したところ、父親から本人も出席する予定という返事であったが、「学校の先生は信じてくれる気がしない。なにを言われるかわからず怖い」とのことで、本人と母親は参加しなかった。

【ケースカンファレンスの実際】：カンファレンス・シートを参照のこと。
　医療機関の関係者も教育相談センターの相談員も都合がつかず欠席。指導主事が相談センターの情報を伝達することになった。当日の事例報告者は事前に決めていなかったが、ファシリテーターから、「今日の会議でとくに心配なこ

とがある方は…」と切り出したところ、全員の目が担任に向けられた。父親がよく相談しているのも担任であったので、担任に事例報告者を頼んだ。

　本人の「できていること・悪くないところ」の話し合いでは、事前に聞いていたよりも協力関係やサポート体制があり、本人も学校に行ける日があるという、よい点のあることがわかった。だが、「心配なこと」の話になると、教育関係者はみな一様に沈んだ顔をして「心配」と訴えた。「支援者のうまくいった関わり方」のところでもうまくいった点は複数あがったが、「うまくいかなかった関わり方」のところでは、教育関係者からの発言はなかった。

　「本人の望み」や「安全到達度」について、ていねいに話を聞いていくなかで、本人は「いつでも学校に行ってみたい、いろいろチャレンジしたい」という気持ちを持っていたのに、学校側は本人のメンタルを心配するあまり、「自由に通学させることで負担が高まり、具合を悪くさせてしまうのでは」と考え、サポート体制が整えられない日は登校を控えてほしい、という対応をとっていたことがわかった。

　そこで、「今後の取り組みアイディア」を話し合う場面で、父親に対し、「学校としては本人の心身の調子を心配して、体制が整っていないときは登校を控えてほしい、と言ってしまったようだが、どうしたらよいと思うか」聞いたところ、「心配してもらっているのはありがたい、私自身も心配だが、主治医が大丈夫と後押ししてくれていて、本人もやる気になっている。そのやる気を大切にしてやりたい」とのことであった。

　「安全到達度」が一番低く、不安が強かった養護教諭に、「なにがあったら、サポート体制が整っていないときでも、『やる気を応援する』と言えそうか？」と聴いたところ、「主治医と連携できて、後押ししている根拠がはっきりわかると安心」との答えであった。そして、父親が、「主治医は、本人にいつでも登校をチャレンジしてよいと言っている」と自信をもって答えたのを聞いて、「それならば、応援していく。学校としてはサポート体制が十分取れない申し訳なさはあるが、負担が増えるわけではないので」との発言があった。

　その後は、今後も続けることと新たにやってみることについて、具体的な作戦会議という形でスムーズに話し合いができた。

【ファシリテーターとしての留意点】

　本人が、「学校の先生は信じてくれる気がしない」と言っていたとのことであったので、なにが起こっていたのか、どうしたら本人は学校の先生を信じられるのか、その辺りをていねいに確認したほうがよいだろうと思っていた。

　最初に、父親にシートを見せて、この順番で話してよいか確認し、次いで学校関係者にも進め方を説明して、シートを用いることに了承してもらった。また、「安全到達度」は、「安心した望ましい生活」というふうに考えてもらった。

【ファシリテーターとしての感想】

　指導主事との打ち合わせで聴いていた話と、実際にその場で聞いた話とでは随分違いがあったので、最初はちょっと焦ったが、シートがあったおかげで、話し合いのポイントを全員で共有しながら進められた。また、自分を含め、本人や家族とほとんど関わりをもっていない者でも、補足的に質問ができ、情報の共有がていねいにできた。

　「うまくいかなかった関わり方」のところで、教育関係者からの発言がなかったとき、学校側は最大限本人のために良かれと思ってやってきたという自負があり、それゆえにこそ何がうまくいかなくなっているのかが見えづらくなっているように感じた。「先生が信じてくれる気がしない」と本人や母親が感じていることとのズレがみえた気がした。

　学校と主治医との連携については、次の受診のときに父親が主治医に学校との連携を依頼してくれることになったが、その後も主治医と学校が直接連絡を取ることはなかった。だが、本人が定期的に受診するようになったことを学校も知り、本人の「チャレンジ」を安心して受け入れることができるようになった。その後も何度か同じ形でカンファレンスを行ったが、2回目以降は、本人の「チャレンジ」をどう支えるか、という話がブレることなく進んだ。毎回のカンファレンス記録をコピーして家に持ち帰ってもらっていたためか、母親の学校への信頼がかなり回復した。本人は通学できる時期もあれば、できない時期もあったが、自分でチャレンジを積み重ねながら、「一生懸命できることはやってみた」となんとか思える1年間になったとのことである。

ポイント解説

　本事例では、本人と直接しっかり関われている機関がないので情報が錯綜しており、支援の方針が立たない、ということでカンファレンス開催を決めていますが、シートを用いて情報を整理していくなかで、学校関係者は、本人とある程度は関われているということが明確になってきています。また、シートの項目に沿って話を進めていくことで、心配な点が浮かび上がっても、よい点に再度注目することができ、話し合いの雰囲気がひたすら問題志向に向かってしまわずにすんでいます。そのため、考え方のズレが表面化したときも、「本人のことを想うがゆえのズレ」ということが共有でき、その後の話につながっていったようです。

　シートのコピーをカンファレンス記録として自宅に持ち帰ってもらっていますが、父親が母親や本人にそれを見せ、話し合いの内容や経過を共有したのではないでしょうか、学校と母・本人の関係が改善していくという成果が見えてきています。

200X年5月13日　　事例:Nさん
　　　　　　　　事例報告者:H先生(担任)

1　本日話し合いたいこと(心配ごと・困っている点)

中川さんが登校したいという希望があるが、どう支援体制を組めばよいか。こちらの関わり具合によって具合が悪くなるのではないかと、心配。

参加者で話し合いたいことがある方
名前:
話し合いたい点:

参加者:父親、養護教諭、指導主事、スクールカウンセラー、市子ども課相談員

※フェイスシート等既存資料を活用し、新しい情報のみ記載してもOK

2　ジェノグラム・エコマップ

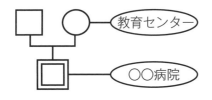

3　支援経過

去年の夏から不登校秋にはメンタルの調子を崩す。病院や相談になかなかつながらず冬頃は特に調子が悪かった。

4　本人・家族のでき悪くないこと

父:本人はだいぶん調子がけたり、家族で話をするこ的に通院できるようになり、

担任:ご両親がこまめに学ありがたい。本人も面談にても嫌ではなかったといっ

養護教諭:面談の際に、他差で登校することを提案し学校に来られるときは当日ち合わせして受け入れ態勢

指導主事:教育センターでた。

6　支援者のうまく

父:担任の先生がしっかりんでいる。主治医の先生言ってくれているので、どん

養護教諭:学校に来たときプリントを渡したり、空き時て、本人も笑顔で過ごしてく

指導主事:教育センターのして関わりを工夫する時間うだ。

ていること・

よくなってきた。家で音楽を聴
とも増えてきた。病院にも定期
主治医との関係も良い。

校に相談してくれるのはとても
きてくれ、久しぶりに学校に来
てくれたと聞き安心した。

の生徒に会わないように時間
たところ、本人も喜んでくれた。
でもよいので事前に電話で打
を整えるという方針ができた。

の相談にも母がつながってき

5 本人・家族の困ったこと・心配なこと

・実際にあったことには●をつける
・予想される心配事には？をつける
・緊急な危険には★をつけること

父:まだまだ精神的に不安定なことは多い。母がしっかり話
を聴いてくれているからよいが母の負担もとても大きいのは
事実。

担任:「学校に行きます」と連絡があっても、結局は来られな
いことが多く、まだ本当は来れる状態ではないのではない
かと心配。来たときは笑顔だが。

養護教諭:去年「好きなように学校においで」と本人に任せ
ていたら、どんどん具合が悪くなってしまった。主治医はど
んな見立てなのか。学校に来ることで具合が悪くなってし
まわないか。

指導主事:去年は病院とも教育センターとも関係が途絶えた
時期があった。今年もそうならないかと心配。

いった関わり方

話を聴いてくれるのは本人も喜
は、「学校に行って大丈夫」と
どん行かせたい。
には、別室に迎え入れて授業の
間の教員が対応したりできてい
れる。
相談では、母が「気持ちを整理
になっている」と話してくれたそ

7 支援者のうまくいかなかった関わり方

父:主治医に連携したいというけれど主治医は忙しい。主治
医は「本人がちゃんと説明できるから問題ない」と言ってい
る。本人の説明でよいではないか。

ファレンス・シート P1

8 本人・家族の望み

〈誰が、誰からどう聴いたか〉
父:本人が前のように元気になってほしい。
(以下は父が聴いたこと)

母:本人が少しでも穏やかに過ごしてほしい。

本人:学校に通える時は通いたい。自分でどんどんチャレンジしたい。

9-2 安全到達度

〈それぞれ安全到達度は何点くらい

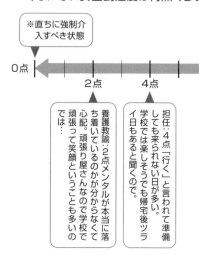

担任:4点「行く」と言われて準備しても来られない日が多い。学校では楽しそうでも帰宅後ツライ日もあると聞くので。

養護教諭:2点メンタルが本当に落ち着いているのが分からなくて心配。頑張り屋さんなので学校で頑張って笑顔ということも多いのでは…

10 今後の取り組みアイディア

〈今やっていることで、これからも続けようと思うこと〉
父と担任のこまめな相談は引き続き続ける。　……
母は、教育センターの相談を活用する。　……
○○病院の先生への通院は続ける。　……

〈この後、やってみたいこと、できたらよいと思うこと〉
本人が学校に行きたい、と思ったら、
学校で受け入れの準備が整っていなくてもとりあえずチャレンジしてみる。

11 今後の見通し

〈やったらどうなるか、止めたらどう
父も関われて安心する。
母の気持ちの整理にはなる、センターでサポートしやすくなる。
本人が信頼できる人がどんどん増えてれて本人も楽しんでいる。

〈すぐにできそうか、やれたらどうな
学校としては、それでよいならすぐにで
実際にやれたら、本人の負担が大きいこともあっても良いと思えるなら、やる

9-1 安全像

父　：「今日は学校に行けそうだ」と本人が自分で判断をして、登校したい時には自由に登校できる。

担任:学校で苦手な同級生がいても、帰宅後に落ち着いて過ごせる。

養護教諭:学校で受け入れ態勢を整えて通える日が週に1,2日くらいになると良い。

指導主事:学校に来ても大丈夫、居場所がある、と本人が思える。

〈と考えるか〉

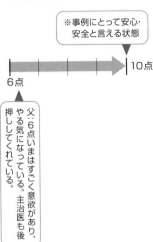

※事例にとって安心・安全と言える状態

6点　　　　　　　10点

父：6点いまはすごく意欲があり、やる気になっている。主治医も後押ししてくれている。

12　現時点でのプラン:誰が何をするか

〈誰がなにをするか〉

・担任:父へ諸連絡、父も家の様子を報告。

・教育相談センター:母との相談を続ける。

・養護教諭、スクールカウンセラー:学校に来ているときにはできるだけ関わり続ける。
・本人が来たいというなら、学校でお膳立てできていないときでも登校を受け入れる。
・通院を継続し、学校での対応についてもサポート、アドバイスをお願いしたい。

なるか〉

も本人や母の状況が分かるの

いくとよい。よく話を聴いてく

るか〉
きそう。
かもしれない。うまくいかない
価値はある。

次回　　年　　月　　日

IV チーム力を高める ケースカンファレンス

① AAA多機関ケースカンファレンスの有用性

1. チームアプローチの推進

　多機関のケースカンファレンスで取り上げる複合問題事例は、その問題の複雑さや深刻さによって、また、その当事者の支援に対する消極的・拒否的な態度によって、支援者たちに、不安や緊張感、危機感、焦燥感、対処困難感、回避感情等の否定的感情をもたらすおそれがあります。こうした否定的感情は、気持ちのゆとりを奪い、それぞれの機関・職種の異なる立場や認識、意見等を受け止める余裕を失わせがちです。

　しかし、ケースカンファレンスの場が、こうした否定的感情を和らげる場になれば、参加者は互いの話をよく聴き、建設的な話し合いを行う可能性が出てきます。逆に、こうした否定的感情を強めてしまうような場になれば、やはり支援はむずかしい、よい案は出てこない、とみなで頭を抱えてしまう、あるいはまた、特定の機関や職種に対応を押しつける、といったことが起きるおそれがあります。

　複合問題事例を扱うケースカンファレンスが、こうした否定的感情の緩和の場に、また、参加者の相互理解や相互信頼の醸成・強化の場になることができ

れば、当該事例に対するより適切な支援プランの作成・実施ができるのではないか。私たちは、そのように考え、安心づくり安全探しアプローチ（AAA）開発の経験を踏まえて[※1]、ストレングス視点を基盤にする多機関ケースカンファレンス・シート（多機関カンファレンス・シート）を作成しました。そして、複合問題事例に対するチームアプローチの手段として、この多機関カンファレンス・シートを活用したケースカンファレンスを提唱し、各地で研修を行っています。

　チームアプローチとは、チームワークによって事例対応していくことです。チームワークとは、チームメンバーが目標を共有し、その達成のために行う協働作業やその基盤となる協力意識等を指します。このうち、メンバー間の相互作用（やりとり）によって行われる協働作業をチームの「タスク機能」、そのタスク機能に影響を与えるメンバー間の関係性や協力意識、また、協力意識等に影響を与える相互理解・相互信頼、肯定的感情等を「社会的要素」と呼ぶことがあります[※2]。

　この「タスク機能」をチームのタスクワーク、「社会的要素」を狭義の意味でのチームワークと呼ぶならば、多機関カンファレンス・シート開発の目的は、次のように言うことができます。

　ケースカンファレンスがメンバーたちの否定的感情を和らげ、メンバー間の相互理解・相互信頼、良好な関係性というチームワークの形成・強化に、また、適切な支援プランの作成・実施というタスクワークの進展に寄与できるようにすること。

2. チーム力の向上

　では実際、このAAA多機関ケースカンファレンスは、複合問題事例を支援する多機関・多職種のチームワーク形成・発展に、また、タスクワークの進展に貢献することができているのでしょうか。私たちは、この点を明らかにすることを

※1　安心づくり安全探しアプローチ開発の目的とその特徴、有用性に関する調査結果については、以下を参照のこと。副田編（2013）
※2　これらの用語については、以下を参照のこと。マイケル・ウェスト.下山監修（2014）

目的として、ＡＡＡ多機関ケースカンファレンスの有用性を検証する調査を実施しました。実際の事例についてＡＡＡ多機関ケースカンファレンスを実施した専門職や実務者を対象とした、電話による半構造化インタビュー調査とその代替としての記述式アンケートです。

調査協力者は延べ76名（インタビュー協力者延べ60名、アンケート協力者は16名）で、その所属機関は地域包括支援センター、行政（高齢者支援課等）、居宅介護支援事業所、障害者相談支援センターが、職種ではソーシャルワーカー（社会福祉士）、ケアマネジャー、相談支援専門員が多く目立ちました。かれらが実施／参加したカンファレンス数は27です[※3]（図表Ⅳ-1参照）。

図表Ⅳ-1　ケースカンファレンスの主な目的と事例タイプ

目的の種類	事例タイプ
ⅰ支援プランの作成・モニタリング・再統合の検討	・配偶者／きょうだい／成人子／成人子の配偶者による、高齢者への身体的虐待事例、心理的虐待事例、ネグレクト事例：10例 ・配偶者／きょうだいによる障害者虐待事例：2例 ・障害者の生活支援事例：1例
ⅱ関係機関間の情報共有や認識のズレの解消・膠着状態の打開	・成人子による高齢者への身体的暴力事例、ネグレクト事例：4例 ・認知症単身高齢者の生活支援事例：1例 ・家族全員の生活支援事例：1例 ・困窮家庭の児童ネグレクト事例：1例 ・障害者の親への暴力事例：1例
ⅲ対応に苦慮する主担当者への支援	・成人子による高齢者虐待事例：1例 ・高齢者と同居する成人子への対応事例：1例 ・高齢者夫婦への生活支援事例：1例 ・認知症高齢者死亡事例：1例 ・障害者の生活支援事例：2例

注：虐待事例には、虐待のおそれあり事例を含む。

※3　調査は2016年10月から2018年11月まで実施しました。調査方法等の詳細は、安心づくり安全探しアプローチ研究会のウェブサイトに掲載してある報告書を参照してください。http://www.elderabuse-aaa.com/

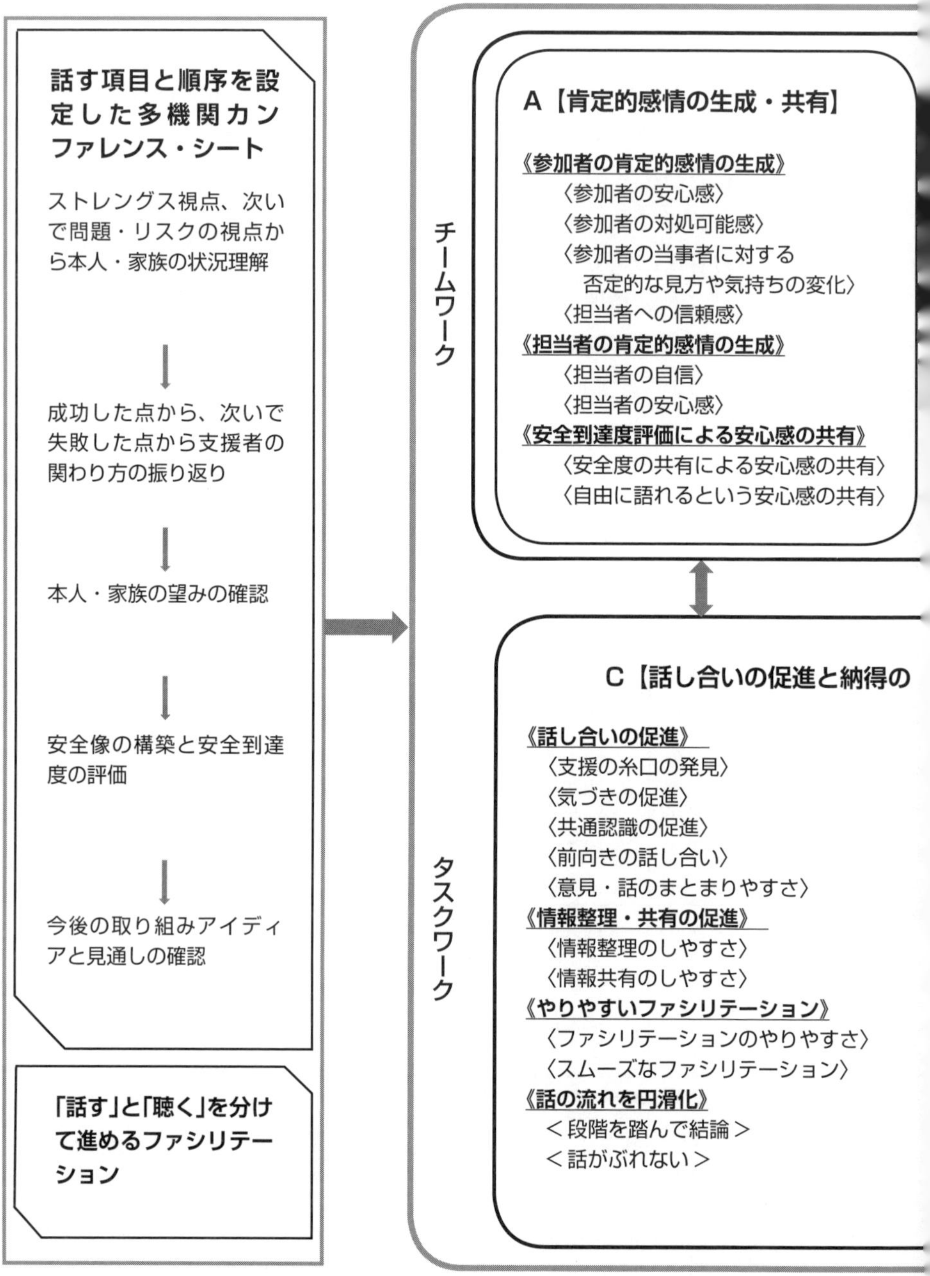

話す項目と順序を設定した多機関カンファレンス・シート

ストレングス視点、次いで問題・リスクの視点から本人・家族の状況理解

↓

成功した点から、次いで失敗した点から支援者の関わり方の振り返り

↓

本人・家族の望みの確認

↓

安全像の構築と安全到達度の評価

↓

今後の取り組みアイディアと見通しの確認

「話す」と「聴く」を分けて進めるファシリテーション

多機関カンファレンス・シートとファシリテーション

チームワーク

A【肯定的感情の生成・共有】

《参加者の肯定的感情の生成》
〈参加者の安心感〉
〈参加者の対処可能感〉
〈参加者の当事者に対する
　否定的な見方や気持ちの変化〉
〈担当者への信頼感〉
《担当者の肯定的感情の生成》
〈担当者の自信〉
〈担当者の安心感〉
《安全到達度評価による安心感の共有》
〈安全度の共有による安心感の共有〉
〈自由に語れるという安心感の共有〉

タスクワーク

C【話し合いの促進と納得の

《話し合いの促進》
〈支援の糸口の発見〉
〈気づきの促進〉
〈共通認識の促進〉
〈前向きの話し合い〉
〈意見・話のまとまりやすさ〉
《情報整理・共有の促進》
〈情報整理のしやすさ〉
〈情報共有のしやすさ〉
《やりやすいファシリテーション》
〈ファシリテーションのやりやすさ〉
〈スムーズなファシリテーション〉
《話の流れを円滑化》
＜段階を踏んで結論＞
＜話がぶれない＞

AAA多機関ケース

図表Ⅳ-2　AAA多機関ケース

B【参加者全員の発言の促進と相互理解】

《全員の発言を促進》
〈全員が活発に発言〉
〈発言しやすさ〉
《相互理解》
〈役割や考えについての相互理解〉
〈支援過程の理解〉
《違いの理解と共有》
〈違いの理解と共有〉

D【協働の推進とチーム意識の醸成・強化】

《連携・協働の推進》
〈連携のとりやすさ〉
〈協働の推進〉
《チーム意識の醸成・強化》
〈協働による心強さ・安心感〉
〈チーム意識の醸成・強化〉

いく支援プランの決定】

《支援内容の円滑な検討》
〈スムーズな支援の検討〉
〈目標設定のしやすさ〉
〈納得のいくプラン〉
《実行できる支援プランの作成》
〈活発なアイディアの創出〉
〈役割分担の決定〉
〈役割実施のアドバイス〉
〈見通しの確認による負担感の緩和〉
《手応えと期待》
〈手応えのあるプラン〉
〈今後の支援への期待〉

E【状況改善・緊急対応】

《状況改善》
〈担当者の関わり方変化による状況改善〉
〈役割分担による状況改善〉
《緊急対応》
〈緊急対応〉

AAA 多機関ケースカンファレンスの成果

カンファレンスの効果

カンファレンスの効果と成果

分析は質的内容分析という方法で行いました。その結果が、前ページの図表Ⅳ-2です。質問項目のうちの「多機関カンファレンス・シート活用カンファレンスの感想・満足した点・印象に残った点」、「カンファレンス後の参加者間のコミュニケーションや協働の状態」を尋ねた回答に焦点を当て、本シート活用のメリット・効果・成果といった意味合いで語られている内容で類似のものをまずコード（図表Ⅳ-2のうちの〈　〉で示したもの）として整理しました。生成した41個のコードで、意味が類似するものをサブカテゴリー（《　》として示したもの）17個にまとめ、さらに、意味が類似するサブカテゴリーを5つのカテゴリー（【　】として示したもの）にまとめました。
　図表Ⅳ-2から言えることは、次のとおりです。
　「話す項目と順序を設定した多機関カンファレンス・シート」に沿い、「『話す』と『聴く』を分けて進めるファシリテーション」で、AAA多機関ケースカンファレンスを行うことによって、
　(1) 参加者間のチームワークと呼んでよい、A【肯定的感情の生成・共有】とB【参加者全員の発言の促進と相互理解】が相互に関連しながらもたらされる。
　(2) そのチームワークが、参加者間のタスクワークと呼べる、C【話し合いの促進と納得のいく支援プランの決定】をもたらしている。同時に、Cのタスクワークは、AやBのチームワークの進展に影響を及ぼしている。
　(3) こうしたチームワークの進展とタスクワーク推進は、D【協働の推進とチーム意識の醸成・強化】とE【状況改善・緊急対応】という成果を生んでいる。

　つまり、多機関カンファレンス・シートを活用したケースカンファレンスは、多機関・多職種チームのチームワークの生成とタスクワークの推進に寄与し、状況改善やチーム意識の醸成・強化というチームとしての成果をもたらす、ということです。言い換えると、AAA多機関ケースカンファレンスは、チーム力の向上に貢献するということです。
　協力者76名という限られた質的データをもとにした分析結果ですので、これらは断定できるものではなく、あくまでも仮定です。しかし、AAA多機関ケースカンファレンス研修後に実施してきた質問紙調査の回答者580名の自由記述分析結果でも、図表Ⅳ-1に示すコードやサブカテゴリーと類似のものを多く抽

出できていますので、この仮定の妥当性は高いと思われます[※4]。

オープンコードを作成した際にもとにした質的データ（インタビュー協力者たちの発言）の全体は、安心づくり安全探しアプローチ（AAA）のウエブページに掲載してありますので、ここでは、そのごく一部を掲載するにとどめます[※5]。

A　肯定的感情の生成

《参加者の肯定的感情の生成》
〈参加者の安心感〉：「マイナスの点じゃなくて、現在安心してできていることなんかをかなり掘り下げるので、むずかしい点だけではなくいい点も出てくるので、関わる側にとってみても安心できる。」（No1-6.市高齢者支援課ワーカー）
〈参加者の対処可能感〉：「先が見えないケースと思っていた。でも、（本人のできること、好きなことが）確認できて、なんとなくやっていけば、なんとかなるんじゃないかという気持ちになった。」（No3-3.デイサービスセンター長）

《担当者の肯定的感情の生成》
〈担当者の自信〉：「事例提供者自身も気づいていたかもしれないが、よかったと評価してよいことなのか、不安だったところを、周囲からよかった、よくやっていると言われて、自分でもプラスに振り返ることができ、自信につながっただろうと思う。」（No16-3.居宅ケアマネ）

《安全到達度評価による安心感の共有》
〈安全度の共有による安心感の共有〉：「こういう事例ってその場で決めてからも本当に安全なのかなとか、大丈夫かというのが拭いきれなかったと思う。ただ、みんながこの辺なら安心、安全なんだねっていうところが共有できると、ちょっと安心できるなというのがある。いままでやってきたことが間違いじゃなくてよかったことも確認できたし、先が見通せないとすごくモヤモヤするが、このとおりやっていけばいいんだという

※4　AAA多機関ケースカンファレンスの研修実施した質問紙調査の調査方法および結果も、安心づくり安全探しアプローチ研究会のウェブサイトに掲載しています。
※5　以下のデータは、インタビュー結果やアンケートの自由記述から抽出したものです。「　」の後の最初の数字は、事例番号を表しています。枝番号は、その番号の事例についてカンファレンスを実施し、インタビューに協力した人を表しています。1番はファシリテーターを務めた人、2番以降は参加者です。

ことが確認できれば、それはそれで仕事に対しての安心感も出てくる。」(No1-1.地域包括社会福祉士)

〈自由に語れるという安心感の共有〉:「自分の視点、価値観が大事にされている、そういう雰囲気があって、自由な感じで出せる。自分と違う人の意見もそうかと受け止められるし、参加者同士が安心して考えられる。」(No25-3.地域包括社会福祉士)

B 【参加者全員の発言と相互理解の促進】

《全員の発言を促進》
〈全員が活発に発言〉:「カンファレンスで発言する人はいつも固定してしまいがちだが、小さなアイディアでも出してもらうという方式のカンファレンスなので、全員が参加できる雰囲気になる。」(No15-1市高齢者福祉課ワーカー)

《相互理解の促進》
〈役割や考えについての相互理解〉:「やってみて、それぞれが何をやっている、どう考えているかがわかりやすかったっていう感想は出てきた。」(No18-1.地域包括社会福祉士)

《違いの理解と共有》
〈違いの理解と共有〉:「現時点の安全ラインをそれぞれが出し合って話し合ったとき、点数はバラバラだったけれども、それぞれの話を聞いて、そう言われればそうだよね、ということがわかった。相手の言うことを理解して共有できた。違うことで対立するのではなくて、同意の上で、じゃあ、それが必要だからやっていきましょうということに。」(No23-2.基幹型相談支援センター社会福祉士)

C 【話し合いの促進と納得のいく支援プランの決定】

《話し合いの促進》
〈支援の糸口の発見〉:「プラスのところを言っていくと、ふだん見えなかったところがでてきて、それならそこをサポートすればよいのでは、と話し合いの流れがスムーズになり、対策のアイディアが出やすくなる。」(No3-2.地域包括主任ケアマネ)

《話の流れの円滑化》
〈段階を踏んで結論〉:「このシートを使ってやったら、話しているだけでなんとなく先が見えてくる。結論を出そうとしなくても自然に出てくる。ふだんは、問題はなに、どう解決すればよい、ということをやっているけれど、これだと外部を埋めていくと、真ん中のところが埋まっちゃった、という感じ。」(No3-3.デイサービスセンター長)

《実行できる支援プランの作成》
〈活発なアイディアの創出〉:「安心像も完璧でなくていい、プランもスモールステップでよくて、とりあえずこれをやってみようかとか、うちはこれができそう、これならできる、と自発的に意見がでる。スモールステップなんだけど解決できるんだと。」(No23-1.市総合相談室精神保健福祉士)

《手応えと期待》
〈今後の支援への期待〉:「支援内容が具体化されているので、行き詰まり感が消え、うまくいきそうな気がする。」(No4-3.障害者支援施設生活支援員)

D 【協働の推進とチーム意識の醸成・強化】

《チーム意識の醸成・強化》
〈チーム意識の醸成・強化〉:「あれをやることによってチーム意識っていうのはできてくる。やっぱりひとつのシートをみんなで話し合いながら完成させていくっていうことで、チーム意識っていうのはすごくできるっていう効果があると思う。」(No1-6.市高齢者支援課ワーカー)

E 【状況改善・緊急対応】

《状況改善》
〈担当者の関わり方の変化による状況改善〉:「カンファレンスの翌週、本人に会った。会うとき、話し合ったことを意識しながら対応ができた。事前準備ができた。カンファレンスが活かせたという感じ。本人の話す内容が少し変わったような気がした。自分の捉え方が変わったのかもしれないが、今まで、家族に優先的に話を聞いていたけれど、本人の話を重点的に聞くようにした。それで本人もいろいろな話をしてくれた。面接としては、これまでと同じだけれど、内容が深まったというか、広がった。」

(No27-2.基幹相談支援センター精神保健福祉士)

② AAA多機関ケースカンファレンスの普及

1. 普及の方法

　AAA多機関ケースカンファレンスの研修では、研修終了後に簡単なアンケート調査をしてきました。その結果をみると、研修参加者の多くが自由記述欄に、このケースカンファレンスに面白さや利点を感じたことを具体的に記述しています。今後、多機関カンファレンス・シートを使ってみたいかという質問に「使ってみたいとは思わない」と答えた人は全体の1.2％で、圧倒的に多くの人が使ってみたいと答えたものの、「さっそく使ってみたい」と積極的な反応を見せた人は19.0％で、「使ってみたいと思うが、このシートを用いたファシリテーションができるかどうか不安がある」と答えた人が47.2％、「使ってみたいと思うが、このシートを用いることについて関係者の理解が得られるかどうかわからない」が23.0％でした[※1]。

　たしかに、研修で一度やってみただけでは、面白さや利点を感じて使ってみたいと思っても、不安がある、理解が得られるかわからない、と思うのも無理はありません。研修では、参加者全員がファシリテーターの役を演じるわけではありませんから、なおさらです。しかし、前章で見たように、調査の結果から、AAA多機関ケースカンファレンスはいくつもの効果や成果をもたらす可能性があることがわかっています。ぜひトライしてほしいと思います。

　ただ、ケースカンファレンスを実施することになった時点で、多機関カンファレンス・シートを使いませんかと、個人で問いかけることは、むずかしいのは事実です。そこで、私たちが知っている、自治体を中心とする3つの取り組みを、関係者のご了解を得て紹介します。

※1　本調査の実施時期は、2016年9月～2018年3月で、16回の研修終了後に実施しています。分析の対象とした回答者数は計580名です。

①A市（人口約11万人。高齢化率約26％）：連続研修会

自治体の基幹型地域包括支援センターの職員で、私たちの研修に数回参加した人が、センターおよび市の了解をとった上で2018年6月から始めました。居宅介護支援事業所のケアマネジャーを中心に、介護サービス事業所、病院、権利擁護センター等の専門職を対象として、8回の連続研修会のうちの5回ほど、多機関カンファレンス・シートを使ったケースカンファレンスを実施しています[※2]。

初回は、私たちのひとりがAAA多機関ケースカンファレンスについてミニ講義を行っていますが、2回目以降のカンファレンスでは、主催者のひとりがそのときの資料を使ってカンファレンスのやり方を説明したあと、自分たちでカンファレンスをやっています。2018年度に実施されたこの連続研修会には、毎回、30～40名の参加者がありました。研修参加者がその後、多機関カンファレンス・シートをどのていど活用しているかについての調査は未実施ですが、関係者からは、「参加した多くの人たちの考え方に変化が見られるようになったと感じる。虐待事例を担当することで不安そうな表情をしていたケアマネが、『こんなこと報告していいのかわかりませんが…』と笑顔で小さな成功体験を報告してくれるようになった。地域に強みを見る視点が醸成されたように感じられる。」と報告がありました。

②B市（人口約7万人。高齢化率約22％）：障害者虐待防止センターでルール化

自治体の福祉相談課の職員で、私たちの研修に参加した人がイニシアティブを取り、市の障害者虐待防止センターで虐待事例の会議を行う際は多機関カンファレンス・シートを活用することを2018年度にルール化しました。

障害者を虐待する養護者に対して否定的な感情があるなかで、虐待というと市役所が全部やってくれるという雰囲気が関係者の間に強かったため、まずは、障害者福祉課のなかにワーキンググループを設置しました。そして、市が私たちを講師として呼んでAAA多機関ケースカンファレンス研修を実施したあと、このワーキンググループが中心となって、自分たちで多機関カンファレンス・シートを使ったカンファレンスを実施。その結果、「支援の方向性が見えてくる」、

※2 あとの3回は、権利擁護に関する制度の説明といった制度や事業の勉強会です。

「支援者支援の視点があって協働が生まれやすい」といった肯定的な評価が多かったため、多機関カンファレンス・シート活用をルール化したとのことです。

障害者虐待事例の件数は、高齢者のそれより少ないそうですが、相談通報があれば、AAA多機関ケースカンファレンスを実施しているとのことです。

③C市（人口約25万人。高齢化率28.0％）：研修の繰り返し

C市の取り組みについては、少し詳しく紹介します。

2．C市の取り組み

委託型地域包括支援センターの職員で、私たちの研修に参加した社会福祉士の方が、市の社会福祉士分科会のなかで、安心づくり安全探しアプローチ（AAA）を取り上げたことが契機となり、C市としてAAA多機関ケースカンファレンスの研修を繰り返し実施するようになっています。

2012年、市が実施する高齢者虐待防止研修の企画を、社会福祉士分科会のなかに置かれた虐待班のメンバーと市の虐待防止担当者が一緒に行うことになり、そこで、AAAを学ぶことが提案されました。その企画メンバーと講師を依頼されたAAA研究会メンバーとが、研修内容について意見交換をし、2012年度は「ケースカンファレンス」と「高齢者虐待対応フロー」をテーマとする2回の研修を実施することになりました。その後、AAA研究会メンバーは、ほぼ毎年、高齢者虐待防止研修に関わっていますが、図表Ⅳ-3に示すように研修の大半はケースカンファレンスの研修です[※3]。

※3　それまでのケースカンファレンス・シートでは、2016年版で用いている安全像とは異なり、「虐待事例としての支援はもう必要がない状況」を10点とするやり方（2012年版）や、「この状況でできる最高の関わり」を10点とするやり方（2013年版）をとっていました。研修を重ねながら、シートのバージョンアップを図ってきました。

表Ⅳ-3　C市における高齢者虐待防止研修

年度	年月日	テーマ	内容	参加者
2012	2012/12/14	ケースカンファレンス	多機関カンファレンス・シート（2012年版）を活用し、ケースカンファレンスを実施。	包括、行政、居宅、サービス事業所 約70名
	2013/03/01	高齢者虐待対応フロー	対応フロー図の各位相における対応（ケースカンファレンスを含む）を、モデル事例を用いてデモンストレーションし、その都度、グループごとにロールプレイを実施。	同上
2013	2013/11/21	養護者との関係づくり	AAAのタイムシートと安心づくりシート活用面接を通した関係づくりを学習。	包括、行政 34名
	2014/01/24	協働スキル	多機関の協働スキルとしてのコミュニケーション・スキルを学習。	包括、行政、居宅 約60名
2014	2014/11/06	養護者支援	AAAのタイムシート面接を通して養護者支援を学ぶ。	包括、行政 約30名
	2015/01/30	事例検討	多機関カンファレンス・シート（2013年版）を活用し、事例検討を実施。	包括、行政、居宅、サービス事業所 52名
2015	2015/12/04	ケースカンファレンス	多機関カンファレンス・シート（2013年版）を用いたケースカンファレンスを実施。	包括、行政 約25名
	2016/02/01	養護者との面接技法	AAAのタイムシートと安心づくりシートを活用し、面接技法を学習。	包括、行政、居宅、サービス事業所 約70名

2016	2016/09/28	ケースカンファレンス	多機関カンファレンス・シート(2016年版)を用いたケースカンファレンスを実施	包括、行政、居宅47名
2017	2017/12/13	高齢者虐待対応フロー	2013/03/01と同じ方法で対応の流れ(ケースカンファレンスを含む)を、ロールプレイを通して学習。	包括、行政、居宅、サービス事業所26名
2018	2018/11/29	ケースカンファレンス	多機関カンファレンス・シート(2018年版)を用いたケースカンファレンをデモンストレーションとして実施。	包括、行政、居宅64名
	2018/12/16	ケースカンファレンス	グループごとに、メンバーから提出された虐待事例/支援困難事例について、多機関カンファレンス・シートを用いてカンファレンスを実施。	包括、行政、居宅49名

　2018年度は、2週連続のケースカンファレンス研修を行っています。1週目は、多機関カンファレンス・シート活用の意義と方法について簡単な解説を行った後、実際の事例について関係者5人によるケースカンファレンスを、60名を超える研修参加者を前にしたデモンストレーションの形で行っています。デモンストレーション終了後には、実際にAAA多機関ケースカンファレンスに参加した経験をもつケアマネジャー3人に、カンファレンス参加に関する感想や意義を語ってもらっています。2週目は、4、5人ずつのグループに分かれ、それぞれのグループで事例報告者を募り、その事例について、1週目のデモンストレーションを思い出しながら、ケースカンファレンスを実施しています。2回目の研修後に行われたアンケート結果からは、カンファレンスのデモンストレーションの観察と、自分たちの事例を用いたカンファレンスの実施という、連続研修の効果と意義を強く感じることができたことがわかりました。
　現在、C市では、C市の研修に継続的に携わってきた委託型地域包括の職員を中心に、多機関カンファレンス・シートを活用した高齢者虐待事例に関するケースカンファレンスが行われています。当該職員に、高齢者虐待事例をめぐ

るC市における多機関協働について尋ねたところ、「どの包括もケアマネジャーに、チームアプローチを強調している＜C市版高齢者虐待対応フロー図＞と＜緊急性判断シート＞を配布し、周知に努めている。どこも、虐待ならまずカンファレンス、という感じになっていると思う。包括内の異動が多いため、徹底しきれていないところもあるが、フロー図にも『常にチームで対応』と書いてあるので、連絡通報があったらすぐに包括や区に情報提供することが行われている。」ということでした。

　以上のことから、本シートの有用性を感じ、使ってみようと思った人が、職場の同僚や上司に、あるいはまた、他機関の仲間に働きかけて何度か研修を行い、関係する機関、職種に慣れてもらうことが重要と言えそうです。虐待事例を初めとする複合問題事例のケースカンファレンスの際には、あるいはまた、事例対応で大きな不安や困難感を抱えた場合には、本シートを活用する。チームアプローチが求められる実践現場において、こうしたことをルール化することはなかなかむずかしいと思いますが、活用してみようという声が強くなることを願っています。

年　月　日　事例:
　　　　　　　事例報告者:

1 本日話し合いたいこと（心配ごと・困っている点）

参加者で話し合いたいことがある方
名前:
話し合いたい点:

参加者:

※フェイスシート等既存資料を活用し、新しい情報のみ記載してもOK

2 ジェノグラム・エコマップ

3 支援経過

4 本人・家族のでき悪くないこと

〈本人・家族はどう捉えて

〈支援者たちはどう捉え

6 支援者のうまく

©AAA多機関ケースカン

ていること・

いるか〉

5 本人・家族の困ったこと・心配なこと

・実際にあったことには●をつける
・予想される心配事には？をつける
・緊急な危険には★をつけること

〈本人・家族はどう捉えているか〉

ているか〉

〈支援者たちはどう捉えているか〉

いった関わり方

7 支援者のうまくいかなかった関わり方

8 本人・家族の望み

〈誰が、誰からどう聴いたか〉

9-2 安全到達度

〈それぞれ安全到達度は何点くらい

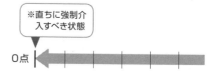

※直ちに強制介入すべき状態

0点

10 今後の取り組みアイディア

〈今やっていることで、これからも続けようと思うこと〉

〈この後、やってみたいこと、できたらよいと思うこと〉

11 見通し

〈やったらどうなるか、止めたらどう

〈すぐにできそうか、やれたらどうな

©AAA多機関ケースカン

9-1 安全像

※事例にとって安心・安全と言える状態
|10点

と考えるか〉

12 現時点でのプラン

〈誰がなにをするか〉

なるか〉

るか〉

| 次回 | 年 | 月 | 日 |

引用・参考文献

- 池田守男・金井壽広『サーバントリーダーシップ入門』かんき出版.2014年
- 岩間伸之『援助を深める事例研究の方法-対人援助のためのケースカンファレンス-』ミネルヴァ書房.2007年
- 上原久『ケア会議の技術２』中央法規出版.2012年
- エイミー・C・エドモンドソン.野津智子訳『チームが機能するとはどういうことか』英治出版.2015年
- Elizabeth M. Breshears, Roger Volker "Facilitative Leadership in Social Work Practice" Springer Publishing Company.2013
- 金井壽宏『組織変革のビジョン』光文社新書.2011年
- Galpin, D.& Hughes, D., A joined up approach to safeguarding and personalization: a framework for practice in multi-agency decision-making, The Journal of Adult Protection, 2011
- 白木裕子編集『援助力を高める事例検討会』中央法規出版.2018年
- ジェームズ・ハンター.高山祥子訳『サーバント・リーダー』海と月社.2014年
- スティーヴン・マーフィ重松『スタンフォード式 最高のリーダーシップ』サンマーク出版.2019年
- 末安民生編『実践に活かす 精神科看護事例検討』中山書店.2015年
- 副田あけみ『社会福祉援助技術論』誠信書房.2005年
- 副田あけみ編『高齢者虐待にどう向き合うか:安心づくり安全探しアプローチ開発』瀬谷出版.2013年
- 副田あけみ・土屋典子・長沼葉月『高齢者虐待防止のための家族支援―安心づくり安全探しアプローチ（ＡＡＡ）ガイドブック』誠信書房.2013年
- 副田あけみ『多機関協働の時代 高齢者の医療・介護ニーズ、分野横断的ニーズへの支援』関東学院大学出版会.2018年
- 副田あけみ「チーム力を高めるためのカンファレンス」月刊ケアマネジメント.2018.10月号
- 高間邦男『組織を変える「仕掛け」正解なき時代のリーダーシップとは』光文社新書.2012年
- 高間邦男『学習する組織 現場に変化のタネをまく』光文社新書.2013年
- 中島克也『変革を定着させる行動原理のマネジメント』ダイヤモンド社.2008年
- 中村誠司『チームの作り方・会議の進め方・合意形成のしかた 対人援助職のためのファシリテーション入門』中央法規出版.2017年
- 成田善弘他『事例検討会から学ぶ ケースカンファランスをつくる5つのエッセンス』金剛出版.2018年
- 根岸茂登美「高齢社会における保健医療福祉専門職の連携―Inter Professional Workに焦点をあてて―」東海大学健康科学部紀要第5号.pp89-99.2000年

- 野中猛・高室成幸・上原久『ケア会議の技術』中央法規出版.2007年
- 野中猛・上原久『ケア会議で学ぶ　ケアマネジメントの本質』中央法規出版.2013年
- ハーミニア・イバーラ.DIAMOND ハーバード・ビジネス・レビュー編『「自分らしさ」が仇になる時』ダイヤモンド社.2016年
- ビル・ジョージ.梅津祐良訳『ミッション・リーダーシップ―企業の持続的成長を図る』生産性出版.2004年
- ピーター・M・センゲ.枝廣淳子・小田理一郎・中小路佳代子訳『学習する組織　システム思考で未来を創造する』英治出版.2011年
- フラン・リース.黒田由貴子訳『ファシリテーター型リーダーの時代』ダイヤモンド社.2002年
- 堀公俊『チーム・ファシリテーション　最強の組織をつくる12のステップ』朝日新聞出版.2013年
- 堀公俊『今すぐできる！ファシリテーション　効果的なミーティングとプロジェクトを目指して』PHPビジネス新書.2013年
- 堀公俊・加藤彰『ファシリテーション・グラフィック　議論を「見える化」する技法』日本経済新聞出版社.2014年
- 堀公俊『問題解決ファシリテーター「ファシリテーション能力」養成講座』東洋経済新報社.2013年
- 堀公俊・加藤彰・加留部貴行『チーム・ビルディング　人と人を「つなぐ」技法』日本経済新聞出版社.2013年
- 堀公俊『実践ファシリテーション技法』経団連出版.2013年
- マイケル・ウェスト.下山晴彦監修『チームワークの心理学: エビデンスに基づいた実践へのヒント』東京大学出版会.2014年
- 村山正治・中田行重『PCAGIP入門』創元社.2017年
- ヤーコ・セイックラ＆トム・アーンキル『オープンダイアローグ』日本評論社.2016年
- 矢原隆行『リフレクティング―会話についての会話という方法』ナカニシヤ出版.2016年
- 山口裕幸『チームワークの心理学』サイエンス社.2014年
- 山本力『事例研究の考え方と戦略』創元社.2018年
- リサ・ヘインバーグ.川口大輔訳『組織開発の基本　組織を変革するための基本的理論と実践法の体系的ガイド』HUMAN　VALUE.2012年
- 渡部律子『気づきの事例検討会』中央法規出版.2008年

あとがき

　私たちは、2009年度から、高齢者虐待事例への介入・支援に携わる、地域包括支援センターや自治体職員、居宅介護支援事業所のケアマネジャー等のみなさんの対処困難感、負担感を和らげ、「なんとかなるかもしれない」と前向きに支援していけるような介入・支援方法を検討してきました。そして、解決志向アプローチを基盤に、サインズ・オブ・セーフティ・アプローチの考え方を援用した安心づくり安全探しアプローチ（AAA：スリーエー）を開発し、2010年度からその研修を始め、現在も継続しています。

　この研修を始めて2年経った頃、研修後に参加者のおひとりから、「このアプローチを実践したくても、他機関の人たちがみな問題志向で理解してくれず使いにくい。どうしたらよいか。」といった質問をいただき、これを契機に、関係機関間の協働スキルについての調査を始めました。多機関協働スキルの研修プログラムは、その調査結果を踏まえて開発したものです。

　参加型の多機関協働スキル研修を重ねるなかで、もっとも重要な協働の場はケースカンファレンスであり、ケースカンファレンスの場がチームアプローチの核であることを確信しました。そこで、2015年度から効果的なチームワークを醸成するケースカンファレンスのあり方を検討し、AAAのなかで用いていたカンファレンス・シートをバージョンアップさせて、本書で紹介したAAA多機関ケースカンファレンス・シート（多機関カンファレンス・シート）を作成しました。現在、このシートを活用したケースカンファレンスの研修を各地で実施しているところです。

　これまでの研修プログラムの開発研究に、大きな刺激と協力、支援をくださったのは、研修にご参加いただいた各地の自治体や地域包括支援センターの職員、ケアマネジャー等の実践家のみなさまです。このたびの多機関カンファレンス・シートの開発および調査にあたっても、多くの実践家の方々にご協力を得ました。なかでも、本書の企画や執筆にあたっては、芦沢茂喜さん、内野良子さん、大塚喜美さん、片山薫さん、小林洋貴さん、中澤桂太さん、西村明史さん、西村みづほさん、秦美香さんに多大なご協力を得ました。

これまでご協力いただきましたすべての実践家のみなさまに、この場を借り、改めて心より御礼を申し上げます。私たちをエンパワメントし続けていただき、衷心より感謝いたします。ありがとうございました。

　AAA多機関ケースカンファレンス・シートの開発は、平成27-31年科研費補助金基盤Ⓒ（一般）『高齢者虐待の予防と対応におけるチームワーク』（代表　副田あけみ　課題番号15K03972）を得て実施しました。

　最後になりましたが、『高齢者虐待にどう向き合うか─安心づくり安全探しアプローチ開発─』に引き続き、本書の刊行の労をお取りいただきました瀬谷直子さんに厚く御礼申し上げます。

　　2019年8月

　　　　　　　　　　　　　安心づくり安全探しアプローチ研究会
　　　　　　　　　　　　　家庭内虐待防止研究グループ
　　　　　　　　　　　　　　副田あけみ、長沼葉月、松本葉子、
　　　　　　　　　　　　　　土屋典子、松尾隆義、遠藤正芳

◇執筆者略歴

副田あけみ

関東学院大学社会学教授・東京都立大学/首都大学東京名誉教授。
著書:『多機関協働の時代──医療・介護の統合ニーズと分野横断的ニーズへの支援──』関東学院大学出版会 2018 年（単著）、『ソーシャルワーク記録：理論と技法』誠信書房 2018 年（共編著）、『高齢者虐待にどう向き合うか──安心づくり安全探しアプローチ開発──』瀬谷出版 2013 年（編著）等。
Ⅲ部1、Ⅳ部執筆

長沼葉月

首都大学東京人文社会学部・准教授。精神保健福祉士、公認心理師。
著書:『ソーシャルワーク記録：理論と技法』誠信書房 2018 年（共著）、『ソーシャルワーカーのソダチ』生活書院 2017 年（共著）、『ソーシャルワーカーのジリツ』生活書院 2015 年（共著）、『高齢者虐待防止のための家族支援──安心づくり安全探しアプローチ（AAA）ガイドブック──』誠信書房 2013 年（共著）等。
Ⅱ部執筆

土屋典子

立正大学社会福祉学部・准教授。社会福祉士、主任介護支援専門員。
著書:『ケアプランの作り方、サービス担当者会議の開き方、モニタリングの方法』瀬谷出版 2019 年（共著）、『ケアプラン文例集』瀬谷出版 2015 年（単著）、『高齢者虐待防止のための家族支援──安心づくり安全探しアプローチ（AAA）ガイドブック──』誠信書房 2013 年（共著）。
Ⅰ部1執筆

松本葉子

田園調布学園大学人間福祉学部・准教授。社会福祉士、精神保健福祉士、認定医療社会福祉士。
著書:『医療福祉入門 患者とよい関係を築くために』株式会社みらい 2019 年（共著）、『わかる・みえる社会保障論 例でつかむ社会保障入門（第 2 版）』株式会社みらい 2019 年（共著）、『職員が育つ 職場がいきる〜神奈川県社協発福祉の職場のスーパービジョン〜』社会福祉法人神奈川県社会福祉協議会 2016 年（共著）。
Ⅰ部2執筆

チーム力を高める 多機関協働ケースカンファレンス

2019年9月10日　初版第1刷発行

著　者　安心づくり安全探しアプローチ（AAA）研究会
装　丁　宮坂佳枝
発行者　瀬谷直子
発行所　瀬谷出版株式会社
　　　　〒102-0083　東京都千代田区麹町5－4
　　　　電話 03-5211-5775　FAX　03-5211-5322
印刷所　倉敷印刷株式会社

乱丁・落丁本はお取り替えいたします。許可なく複製・転載することを禁じます。
Printed in JAPAN ©2019 AnshindukuriAnzensagashiApproachKenkyukai

既刊書のご紹介

高齢者虐待にどう向き合うか──安心づくり安全探しアプローチ開発

副田あけみ編著／定価 2500 円＋税
ISBN978-4-902381-29-0 C3036

虐待ケースを解決するためのAAAの全体像がこの1冊でわかります！

- 虐待ケースを現実的に解決に導くアプローチ（AAA）を開発者自ら解説します。
- AAAで必要な書類をすべて収録しました。

序章 高齢者虐待の実態と対応の仕組み	【資料編】
1章 高齢者虐待に関する研究	危害リスク確認シート／ 安全探しシート
2章 介入アプローチ開発	タイムシート／エピソードシート
3章 「安心づくり安全探しアプローチ」開発	エピソードシート（食事について）
4章 「安心づくり安全探しアプローチ」の評価	安心づくりシート（旧版）（改訂版）
終章 普及と開発研究の意義	プランニングシート(機関用)(話し合い用)
	ケースカンファレンスシートの記入様式